わが人生 1

◉神奈川県医師会会長
田中忠一

医師ひとすじ

信念を持って

神奈川新聞社

著 者 近 影

目次

第一章　あるがままの硬骨漢

第二章　公害病との闘い

第三章　医者の不養生

本書は、神奈川新聞「わが人生」欄に平成十七（二〇〇五）年一月一日から三月四日まで、五十八回にわたって連載されたものに加筆、修正したものです。

第一章　あるがままの硬骨漢

祖父は「赤ひげ」の人

私は昭和五年六月二十四日の生まれで、当年七十四歳。いつしか、半世紀に四半世紀を重ねる年齢に達しようかという歳になった。そこで真っ先に思い出されるのが、祖父の甚四郎である。大正初期に他界していたから、私は直接には知らないのだが、両親から聞いた話では開業医で正義感の強い人だったという。

祖父は診療費のことを考えてお偉方や金持ちを特に念入りに診たり、貧しいからといって敬遠したりするような人ではなかった。むしろ、貧しい人ほど親切に診察し、金持ちだと頼み方が悪いといって往診せず、訴えられたのは二度や三度ではなかった。そういう変わり者だったと聞く。

山本周五郎の『赤ひげ診療譚』を地でいく感じだったのだろう。蓄財をしなかったのか、できなかったのかはわからないが、祖父が亡くなってから、祖母のさきは二男四女を抱え

父忠道と母むめ

て、えらく生活に苦労したという。

父親の名は忠道、明治二十九年九月三十日生まれで、川崎では一番古い大師小学校を卒業した。現在、田中家の墓は新しく建て替えたが、古いお墓には前橋藩士と刻まれていた。だから、遅くとも明治三十五年ごろには川崎に来たのだと思う。母親はむめ、明治三十四年二月二十八日の生まれで、川崎小学校に通った。日露戦争に出征する兵隊さんを明治製菓の前の踏切で、よく旗を振って見送ったという。戦後かなり経てから明治製菓は移転して、跡地は現在のソリッド・スクエアになった。

父親の忠道は長男で、酒を小学校五年から、たばこは中学一年からと威張っていた。息子の私にそんなおかしな自慢をするくらいだから、親に行く末を思い煩わせてばかりいたに違いない。

果たして忠道は祖父の意向で大師の平間寺に小僧に出された。のちに管主になる人と同い年だということで、当時の管主さんからかわいがられて、二人でお寺から旧制高輪中学に通った。中学時代だけで停学を七回くらったというから、学校では大変なワルだったのだろう。とうとう寺まで自分から飛び出してしまった。「あのままお寺にいたら、おれは偉い坊さんになっていた」と、父親からよく冗談に聞かされた。

祖父が亡くなって暮らしに行き詰まって、祖母は長男の忠道に頼り切りだったから、仕方なく叔父の世話になって慈恵医専（今日の慈恵医大）を大正十年に卒業した。叔父からは学費の面倒を見てもらったというだけで、一家は極貧に近い暮らしだったようだ。

私が子どものころ、父は酒に酔うと決まって慈恵医専の学祖で脚気《かっけ》をなくした高木兼寛先生、喜寛先生の話を私によく聞かせてくれた。話の内容は忘れてしまったが、二人の先生について語るとき非常に尊敬する口ぶりだったことを覚えている。尊敬する人を持つことで、人間、こうも変わるものかと、子どもながらに私は感心した。

田園が好奇心育てた

母親の父は讃岐香川県の出身で、川崎へ出てきてから浅田屋という旅籠《はたご》屋の番頭を務めた。大変に本が好きな人だったらしくて、番頭を辞めてから自分で古本屋を開いた。わが家に近い場所にあったので、私は小さいころから祖父の古本屋に入り浸って、知らず知らず読書の癖を身につけた。

田中家は男は私一人だけで、姉が二人、妹が一人いた。一番上の姉がフェリス女学院、二番目の姉が県立第一高女、妹は学童疎開の関係で一関高女から転校して川崎市立高女を出た。

私は四歳になって、小土呂橋のミッション系の幼稚園に入れられた。二、三日行くか行かないかのうちだったが、園庭の池にオシッコをしているところを園長に見つかってしかられた。しかし、途中で止まらないから、最後まで出し切った。

けしからんと大目玉をくらって、翌日から行くのをやめてしまった。

昭和十二年七月、私は幸町小学校に入学した。町とはいえ今日の川崎からは想像もつかないような田舎だった。私はおたふくかぜの最中で、ほっぺたが腫れ上がっていたが、姉に手を引かれて入学式に出席した。医師の子なのに、随分、乱暴だったと思う。今日なら登校できないのだが、学校も何もいわなかったし、のんびりしたものだった。

翌十三年になって、幸町小学校から南河原小学校が分かれた。まだ二年生の私は南河原小学校に移った。転校したのは二年生、三年生、四年生だったから、私は四回生ということになる。南河原小学校の周囲は、幸町小学校に輪をかけたように野趣に富んでいて、まさに田んぼの中の小学校だった。はじめて、登校の日「山かがし」が一匹私をお迎えしてくれた。

私が生まれ育った南河原は、現在でいうと中幸町付近だ。北に多摩川が流れているから南河原と名がついたのだろう。古川町、塚越、小倉へと続いていく平地は、見渡すかぎり水田だった。子どもたちはため池や沼でエビ、カニ、ザリガニ釣り、かい掘りをして遊んだ。大人はナマズをよく釣っていた。私たちは遊びなのだが、大人はナマズをごはんのおかずにしたのだと思う。私は大人がナマズを釣り上げる瞬間を待ちながら無心に眺めたものだった。

あのころは塾などなかったし、勉強は学校だけでするものと決まっていたから、放課後は友達と田んぼを荒らして歩いてから川で遊んだ。親たちも子どもは遊びから大事なものを学ぶのだということをしっかり認識していて、うるさいことは言わなかった。

遊びで経験する冒険や好奇心が発明や工夫の知識以上の源泉だとすると、当時の南河原は本当に理想的な教育環境だったと思う。

悪童が厳父に化けた

父親は悪童変じて職人かたぎの小児科医になっていて、今日と違って自費診療だったし、患者さんが多かったから生活は楽だった。午前中は病院で来患を診察し、午後を往診に充てるという毎日で、往診用にモーリスを自家用車に持つほどになって、運転手さんまで雇っていた。午後から夜にかけて、三十軒ぐらい回ったらしい。

当時は古典的な感染症として赤痢、疫痢《えきり》、小児マヒ、流行性脳脊髄膜炎、恐ろしいジフテリアなどが多くて、体をすり減らし、神経がぼろぼろになるまで働いた。

これではたまらない。生活は楽になっていたが、患者さんの心配ばかりして、気の毒なくらい参っていた。小児科医としていうと、父親は本当に子どもが好きだったし、まさにうってつけだったのだろうが、そのために寿命を縮めてしまったとも思う。

わが家は商店街の中にあって、近くで大きな建物といえば東芝小向工場、建設中の柳町工場ぐらいなもので、まわりはやはり田んぼだった。

家の前の商店街の通りに、よく夜店が立った。二階屋だったので、ちょうど真下に焼きそばの屋台が出た。おいしそうなにおいに誘われて一人だけで食べようとしたら、父がうるさくて許してくれなかった。

自分が子どものときは無軌道に振る舞ったくせに、今や私には怖いおやじで、妹とけんかしても理由も聞かないで、泣かしたというだけで激怒した。妹は要領をよく心得ていて、私とけんかするとすぐに父に聞こえるように泣き声を張り上げた。

私は父が来る前に外に飛び出して逃げてしまう。もう、怒ってないだろうと思って帰ると、まだ怒っていた。それからというものは、暗くなるまで家に帰れなくなってしまった。そんな思いをするくらいなら、妹と仲良くすればよかったと思うのだが、そこが子どもだったのだろう。

思えば横綱玉錦の全盛期だった。双葉山の若かりしときで、男女ノ川は幕内に出てきたばかり、武蔵山はまだ関脇か大関だった。野球は六大学が人気で、すでに行われていたものの、まだ今日ほど盛んではなくて、国技の大相撲が大人たちの話題の中心だった。

学校でも相撲が盛んで、私は強いほうだった。

小学校五年のとき補欠になって、玉川小学校で行われた川崎市立小学校の総合大会に、三人枠の一人として出場した。私は一回戦だけ勝って、あとは六年生選手に負けてしまったが、あとの二人が全勝して準優勝した。

全勝した二人のうちの一人が精肉店の息子の飯倉さんで、戦後、大相撲の力士になった。しこ名は秀錦で、春日野部屋に籍を置いて、幕下で全勝優勝して十両に昇進したが、これからというときにけがをして引退してしまった。

あるがままの硬骨漢

昭和十七年、尋常小学校の呼称が国民学校に変わった。先生たちは一斉にカーキ色の服に変わって、足にゲートルを巻いて、戦時色が一気に強まった感じがした。私はずっと級長を務めてきて六年生になっていた。

そのころ、青少年に賜る勅語というのが発せられていた。

「明日までに、全部、暗記して来い」

翌日の朝礼で私がみんなの前で読むことに決まったという。

理屈で反抗したわけでもないし、理由はまったくわからないのだが、家に帰ってから私はわざと暗記しなかった。あえていうなら、本能的に全身で拒絶したのだと思う。

言われた通りにしなかったらどういうことになるかということは、一向に気にしなかったし、考えもしなかった。

暗記しないまま、私は翌日の朝礼に臨んだ。

「田中君、暗唱しなさい」

私は大声で答えた。

「覚えてきませんでした」

全校生徒の列からゲラゲラ笑う声が相次いで起きた。ただ、それだけのことで、朝礼は何事もなく終わったかにみえた。

しかし、朝礼が解散して教室に戻る途中、カーキ色の服を着て、ゲートルを巻いた四人の先生たちに、いきなり私は囲まれてしまった。

「田中、勅語を何と心得るか。暗記を命じたのに、覚えてきませんでしたで済むとでも思っているのか」

私は平気な顔をして黙っていた。

先生たちは憤慨して、ますますいきり立った。

「けしからん。おまえは非国民だ」

あとで私の受け持ちの小林先生が慰めてくれた。

「おれがおまえだったら、やはり拒否するよ」

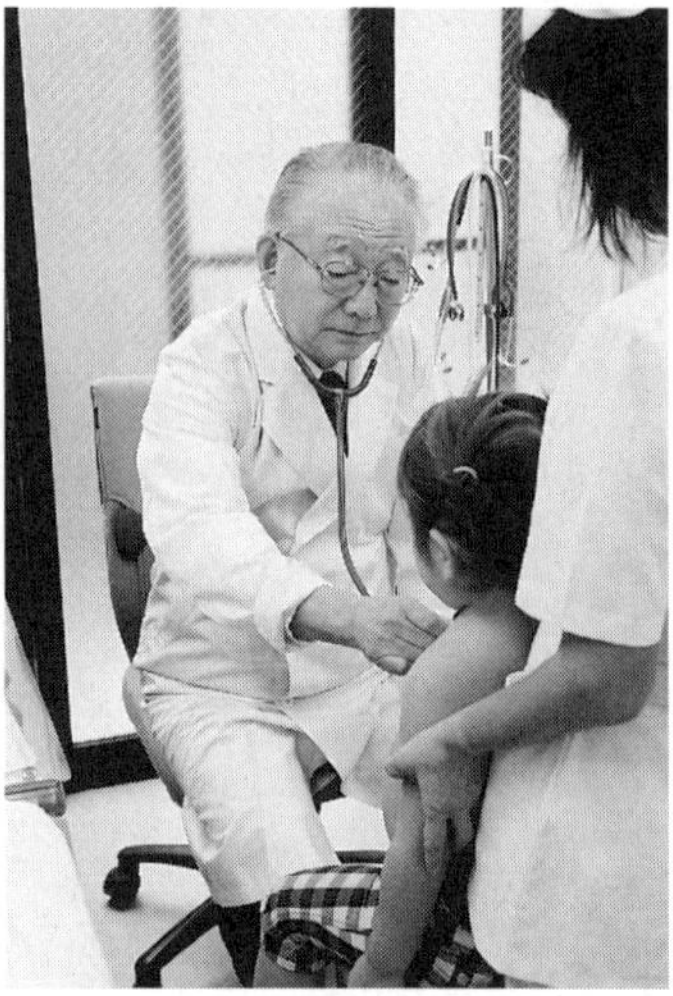

診察中の筆者。川崎市幸区塚越の田中小児科医院で

校長の耳に聞こえでもしたら、大変なことになったろう。信念からほとばしり出た言葉だった。私は小林先生を心から尊敬し、その人となりを生涯の支えとした。

正しいことを正しいと素直に思う。おかしいと思うことは素直な気持ちでおかしいと感じる。天皇を尊敬していたが、神とまでは思わなかった。勅語に書かれているような言葉は、押しつけがましくて好きになれなかったし、納得しなければ従わないというのが私の生来の性格だったわけで、決して反体制というような考えでしたことではなかった。

善悪理非でいえば、妹としたけんかの場合も私に理があった。しかし、小児患者を心配して寿命を縮めたほどの父にしてみれば、私が妹を泣かすことは理由の如何《いかん》を問わず強い者が弱い者をいじめることになるわけで、決して許せなかったのだろう。そう理解してからは、そうした父の性格が私の性格になって、小児科医である私を川崎公害病患者のために立ち上がらせることになった。

人としてかくあるべしと信じて貫くと、なぜか硬骨漢といわれてしまうのだが、本人としては格別気負っているわけではなく、性格のままにごく自然に振る舞ってきただけだった。

父に医師の真髄見た

信念の人、小学校六年の担任の小林先生は数年後に結核で亡くなってしまわれたが、生涯忘れられない先生で、私たち生徒に権力に屈しない気骨みたいなものを植えつけてくれた。

昭和十八年四月、私は旧制神奈川県立川崎中学に進んだ。入学後の実力試験で私の成績は二番だといわれたが、あとで三番に訂正された。背丈も高いほうで後ろから三番目だった。

世の中は戦時一色になって、翌十九年、私は二年生で学徒動員された。よその学校は三年生、四年生だったのに、私たちは二年生で動員されてしまった。

背の高いほうから建石、守屋、田中の三人が選ばれて、東芝柳町工場に動員され、電波探知器をつくる職場の倉庫係に配属された。倉庫係といっても、伝票に従ってトランス、モーター、そのほかいろんな工具や部品を出してきて手渡すだけで、どういうことではなかったが、肝心の工員の人たちが働こうとしなかった。日本はこの戦争に負けるということをみんなが知っていて、いつ応召するかと心配ばかりして仕事どころではなかったのだと思う。

背が一番高い建石君が親玉で、いい出しっぺになったと思う。三人そろって「就業拒否」を敢行した。先生が青い顔をして飛んできた。

「何てことするんだ。今、工場から聞いたが、こんなことをしたら、君たちのためにならんぞ」

私たちは考え方がませていたのだと思うが、いうことを聞かないで「ストライキ」を三回も繰り返した。そんなことをしているうちに、戦況は最悪になって、工場で働いているとき機銃掃射を受けるようになった。

昭和二十年四月十五日にあった京浜地区の大空襲でわが家は焼け落ちた。私は母親の手を引いて、死体の間を縫うようにあちこち逃げてまわった。とっさに教科書を持ち出したが、途中で放り出して、日吉まで来たとき手にするのは水の入ったやかんだけだった。

空襲が終わって焼け跡となったわが家に帰ったが、父親は戻らなかった。一週間待っても姿を現さないので、母も私も死んでしまったものとしてあきらめた。

そこへ、父が憔悴《しょうすい》し切って帰ってきた。

「お父さん、今まで何してたんですか」

母が驚いて声をかけると、父は答えた。

「死体の始末をしていた。中には生きている人がいるから、手術をして助けた。だから、離れられなかった」

詳しく聞くと宝蔵院という寺が近くの死体の収容所になっていて、私たちと割と近い場所にいたことが分かった。精魂尽き果てていたためもあるかもしれないが、「おまえたちが無事でよかった」というようなことはひとことも言わなかった。

医師とは、こういうものなのか……。

私は医師になるとは決めていたわけではなかったが、強烈な感銘を受けた。

死んでしまっては…

学童疎開が進む中、相模湾に敵が上陸した場合に備え、私たちは東芝から松田町の松田山に移って、陣地の構築に従事させられた。眼下は広々とした足柄平野、松田山は今日頂上がゴルフ場になっているように、かなり広かった。当時はみかん畑で、陣地にするにはもってこいの地形だった。

私たちは二人組になって、立木やみかんの木を伐り倒して、山車で下ろすのだが、松田山は上が平らなのに斜面が急で、結構危ない作業になった。

昭和二十年五月二十九日、富士山の影からB29の大編隊がいきなり現れ、松田山の上空をかすめて横浜のほうに向うのを見た。やがて、横浜の空が真っ黒になるのが見えた。横浜大空襲と分かったのは、その後のことである。

中隊長が私たち学生を集めていった。

「もう、おまえたちは帰るところがないんだ。一生、軍隊にいろ」

そういう大変な時代だった。

もちろん、中隊長の言葉は私的なもので、やがて私たちは家に帰された。

終戦の五日前、工場に働きに出ていると、父親が市役所の部長をしているM君という同級生が、「この戦争、もうすぐ終わるよ」と言った。

「終わったら、みんなで野球がまたできるぜ」

「そうか。早く終わんないかなあ」

工作台を囲んで話しているところへ、敵機がいきなり来襲した。

工場の床には大きな穴が掘ってあって、ごみを捨てていた。みんなは入りたがらなかったが、私はごみの中に頭から突っ込んでコンクリートの床下に潜った。訳が分からないうちに、鼓膜が破れたと思った。

後で級友のH君から、「臨死体験とはこういうものかと思うのだが、小さいころから今日までの自分が走馬灯のように現れ、ぼくはそれをこちら側から目の前に見ていた」と教えられた。

この世の終わりのような轟音《ごうおん》が去って、急に静かになった。ようやくわれに返って、外の様子をうかがってからはいだして辺りを見ると、昼間だったのに外が真っ暗になっていた。工場の窓のガラスが粉々に砕けて散乱していた。工作台のまわしひき（バイト）がきれいに吹っ飛んでいた。さっきまで話していた同級生が周りに倒れて動かなくなっていた。私は居たたまれなくなって、訳も分からず外に飛び出してしまったが、五、六人が亡くなったと後になってわかった。

もうすぐで終戦だというのに、あそこで死んでしまっては……。

私は助かったが何とも言えない気持ちにさせられた。

工場の隅の地面が爆弾でえぐれて大きな穴があいていた。工場が直撃を免れたのがせめてもの幸いだった。

終戦を迎えて生き残った学生たちは学校に戻された。

極楽から一転貧乏に

終戦になって、立って歩くのもやっとという感じで、父がまた憔悴《しょうすい》してきた。数年後に結核で腹膜炎を併発して亡くなるのだが、患者さんの一人が父を見兼ねて言った。

「いっそ、無医村に行ってみたら」

父もこのままでは死ぬと自分でもわかっていたらしく、患者さんの勧めに素直に従った。患者さんが勧めてくれたのは岩手県の山奥で、父をはじめ家族で移ることになったのだが、私は頑として「嫌だ」といって、焼け野原と化した川崎に残った。

私は叔父の家に世話になることになった。叔父は外務省嘱託として羽田で米軍の通訳もする人で、多少の収入はあったものの暮らし向きは楽ではなかった。

父は晩年の宮本武蔵ばりに山奥に引っ込んで暮らし、馬の背中に乗って往診に明け暮れ、私は叔父の家から川崎中学に通う毎日が始まった。期間にしてわずか一年のことだが、私は完全に栄養失調になってしまった。

今の若い人はもちろんだろうが、医学生でさえ栄養失調の実態など知らないのではないかと思う。

私の経験からいうと、足にむくみがきて、けがでもしようものなら、ちょっとした傷がみるみるうんでくる。なけなしの貯金をはたいて病院にかかって、うみを出してもらったことがある。

その上、まず、身長の伸びが止まる。当時としては背丈の大きいほうだった私が、今日ではそれほどでもないのは、栄養失調が原因である。

加えて思考能力が鈍る。勉強をしようと思っても、身が入らない。

塚越の叔父の家から渡田山王町の川崎中学に歩いて通うのでさえ、「大きなゴムのバネでも体につけて、誰か引っ張ってくれないかな」と思うくらい体力が落ちた。

思い返しても、良いことは何一つなかった。

さいわい父は一年だけで帰ってきた。私は中学四年になっていた。おやじは見るなり栄養失調と気付いて、必要な手当てをしてくれた。

あのまま父が無医村で宮本武蔵を続けていたら、私は病気になって死んでいたと思う。

危ないところだった。

私は体力を取り戻し、勉強にも少しずつ身が入るようになったのだが、父のほうが今度も体調を崩してしまった。

比較的恵まれた環境にあった私が栄養失調に陥るくらいだから、世間の子どもはもっとひどかった。小児科医の父は歯をくいしばって治療に当たりながら、「頼むから、早く医者になってくれ」と私に言った。

父は限界を感じていたのだと思う。

「ただし、学校も地方なんて、とても駄目だ。下宿代も出せない」

父は身を粉のようにして働いていたのだが、ほとんど奉仕に近い診療ばかりだったから、わが家の暮らしはかつての極楽から一転して貧乏になっていた。

すぐにでも代わってあげたいが、男は私一人で、まだ中学生だ。中学へ通う体力が戻ったら、今度は気が重くなった。

1億人が飢えていた

通学路に第二京浜国道のロータリーがあった（今の都町交差点あたり）。川崎中学の行き帰りに、どうしても通らないといけないのだが、そこには嫌な光景があった。

空襲のあった戦時中の夜のことだ。仲通りの商店街の婦人、子どもが逃げ遅れた。防空団長はやむなく判断して、五列だか七列に並べて路面に伏せろと命じた。みんな防空ずきんをかぶっているから、伏せたら何も見えない。

周囲は火の海だったので、空を飛ぶB29からは丸見えで、撃ってくださいといわんばかりになってしまった。

B29の射撃手に機関砲で丹念に掃射され、全員が死んでしまった。目撃したわけではなかったが、話に聞けば容易に光景を思い描くことができる。路面にはまだ血痕が黒ずんで残り、機銃掃射の跡がミシン目みたいにえぐれて連なっていた。見るたびに何ともいえない痛ましい気持ちにさせられて、私はいつも目を背けながら通った。

長という名がついて責任のある人は、どんなときでも判断を誤ってはいけない。ところが、そういう人に限って威張ってばかりいた。もちろん、そうでない人も多かった。その構図は形こそ変えても今と本質的に変わらない。だから、一概に戦中の人ばかりとは決めつけられないのだが、私たちは本能的に権威というものに反発させられたし、初めてアメリカ人を鬼畜と思った。

私は父が医師だったおかげで栄養失調から脱したが、中学の先生はそういうわけにはいかなかったらしい。私の教室は二階だった。授業を終えて廊下に出ると、講義をしたばかりの先生が階段に腰かけていた。

私たち生徒は口々に声をかけた。

「こんなところで……先生、どうかなすったんですか」

「下へ行って、また上がってくると、腹が減るから。次の講義がまた二階だから、こうやってるんだよ」

今日でこそ笑い話めいて聞こえるが、笑う生徒は一人もいなかった。

高津から通う同級生がいた。

「どう、米ある?」

授業中にある先生が同級生に声を掛けた。

「あったら分けてくれないか」

食糧難は授業中の先生にそこまで言わせるところまできていた。

私も買い出しによく出掛けた。ある日、新城だったと思うが、従弟と二人で南武線に乗って、さつまいもの買い出しに行った。広い庭の大きな家に飛び込みで声を掛けた。

「すみませーん。さつまいも、ありますか」

農家の人が怒って答えた。

「農家に向かって、あるかとはなんだ」

心の中で勝手にこりゃ駄目だと決めて、「すみません、いいです」と言って、私たちは立ち去ろうとした。

農家の人が「待て」と私たちを呼び止めた。

情け知った買い出し

やせこけた中学生の私たちがなんともいえず哀れに見えたのだろう、農家の人はリュックサックがいっぱいになるくらいサツマイモをたくさん分けてくれた。私は信じられない気持ちで南武線の電車に乗った。

しかし、行きはよいよい帰りは怖いで、買い出しを取り締まる経済係の警察官の臨検に遭遇してしまった。通常なら問答無用で没収されてしまうのだが、同じ日本人でやせこけた子どもが、体より大きなリュックサックを背負っているのに同情をもよおしたらしく、お巡りさんは気付かないふりをして通り抜けて行ってしまった。

警察官といえば、「オイコラ」が代名詞みたいにいわれたが、そういう人ばかりではなかった。人情、思いやりが大切で、どちらかというと法律、規則は二の次だということを、私は「買い出し」で実感させられた。

当時は南京豆と呼んでいたが、小さな袋入りの落花生が三十円もした。母の貯金通帳には三十五円しかなかった。餓死するといけないから、三十円下ろして買った。そんなことをして、どうにか生き延びた。

だから、ろくに勉強しなかった。明日の夢を追うより、きょう生きるということが、何よりも差し迫った問題だった。

「家族全員、働いています。ぼくだけ学校に通うわけにいきません」

優秀な成績の同級生でも、中学を続けられないといって次々に脱落してしまった。

私も似たようなものだが、どうにか通うことができて、五年生のときに新制高校が新設されることになった。旧制中学五年のときに大学受験に失敗すると、自動的に新制高校一年に編入され、国立大学を受験できるという。旧制から新制への切り替えの経過措置で、そういうことになった。

「カエルの子はカエルだ。早く医者になって、うちを助けろ」

旧制県立川崎中学５年生のとき

私は父から慈恵医大を受けろといわれた。あまり勉強していなかったが、私は五年生になってずっと級長をつづけていた。だから、父は期待していったのだろうが、競争率も高かったし、落ちたとしても新制に行けるからいいやという程度の気持ちだった。ところが、受験番号が四百九十七番（ヨクナイ）なのに、合格してしまった。キツネにつままれたようで、これでよかったのかなと思った。

世の中が世の中だけに、今日の受験生のようには、素直には喜べなかったのである。これからの生活のことを考えると、父を見て医者になってよいのかと迷った。それぐらい生きることが大変な時代だった。

結局、あまり気乗りしないまま慈恵医大に進んだのだが、入って見ると優秀な学生がごろごろいて、これまでの自分が「井の中の蛙《かわず》」だったと思い知らされた。入られてよかったと、逆に思うようになった。

迎えた大きな転換期

旧制中学時代を振り返ってみるとき、記憶に最も強く残るのが軍事教練だった。私は軍事教練が大嫌いだった。命令されて動くのが嫌だったし、五十メートル先から配属将校に敬礼しないといけないという権威主義にも抵抗があった。

ある日、八丁畷駅の手前で配属将校を見かけた。五十メートル手前である。

「おい、また、ひっぱたかれるぞ」

私は近づかないように用心して、友達とわざとゆっくり歩いた。ところが、配属将校は目ざとく私たちに気付いて、待ち受けて全員にビンタを見舞った。

終戦になってから、そういう人たちは哀れを極めた。配属将校が「ただの人」になって、市役所かどこかに入って、人が変わったように愛想よくなってしまった、との事である。

精神史的にいえば、そのあたりが大きな転換期であったように思う。

神格化された天皇を中心に絶対的な権威が世の中を支配し、学校では先生が同じように絶対的な権威を持った。先生に嫌われると内申書に影響してしまう。

私は視力が〇・四しかなかったので、人や物を見るとき目を細める癖があった。そんなことで印象が悪かったのだろう。東芝柳町工場でストライキをやったとき、私が言い出したわけでもないのに、首謀者のレッテルを張られて思想犯扱いされてしまった。

そのことがわかったのは、のちに南武線の中で旧制川崎中学の二年生当時の担任の先生と一緒になったときだった。私はつり革にぶら下がりながら、「今、ぼくは慈恵医大に通っています」と消息を告げた。

「戦争が終わって、君にとっては、ほんとによかったですね」

恩師が意味ありげに言うので、私は気にして執拗《しつよう》に問いただした。

「ぼくにとってとは、どういうことですか」

「戦争があのまま続いたら、君は学科で合格しても、内申書でどこにも入れないようになっていたんですよ」

ははぁ、あのことをいっているのだな―と、私はすぐにピンときた。学徒動員中、二、三回、就業拒否をしたことがある。なんで、そんなことでと思った。

東芝柳町工場で知り合った神中（県立希望ケ丘高校）のM・Hさんという方も似たような目に遭ったらしい。

「本当の名前ですか」

思わず確かめたくなるほど優雅な姓名だった。

私はHさんと二人で一緒に葛飾の町工場にコンデンサーを届けに行ったことがある。Hさんは人柄のよい人で、強固な思想の持ち主だった。いろんな話をして親しくなったのだが、私は同感するところがあって、かなりの影響を受けた。

東京の工場に届けものをするうちに、私は都立墨田工業のNさんという年上の学生とも知り合った。Nさんは三月十日の江東区一帯の空襲で一家全員を失って、失意のどん底にいたときだが、実に強く生きていて、戦争観から人生観まで深く突っ込んで話してくれた。

瓦解した戦前の権威

戦争のあしき一面の現れともいうべきなのだろうが、Hさんは成績も優秀な人で人間的にも尊敬できる方で、一高に学科で合格していたのに落ちてしまったと聞く。内申書の内容が私の見ていたようなHさんの人となりになっていなかったのである。どうにか横浜高商（のちに横浜工専と合併して横浜国立大学になる）に入れてもらったが、彼は後々まで世の中を責めていた。私の場合は戦争が終わってしまったから実害には遭わなかったものの、彼の気持ちが人一倍よくわかった。

権威とは厳正でなければならないのに、先生の主観一つで運命が狂わされてしまう。こんな不条理はなかった。否定すべきは権威ではなくて、担うにふさわしくない人だと気づいた。

配属将校も似たようなものだった。権威がおかしくなっていることに気付いたのは私ばかりではなかった。戦時中の学生たちはそうした権威を無条件に認めてきたが、終戦と同時に一斉に目覚め、自分の目で見て、自分で判断し、行動しなければ駄目だと悟った。目覚めた学生のやり玉に真っ先に挙がったのが、川中の鯨井寅松校長だった。常に軍服を着て、首から双眼鏡を下げて、学徒の閲兵に臨んだり、敬礼の仕方などにも厳しい先生だった。

終戦になったとき、私の一年上の上級生たちが学生が血判状をつくって、鯨井校長排斥運動に立ち上がった。時代が変わったということだろう。

私たちが廊下を通ると、彼らが待ち伏せしていて呼び止めた。

「おい。血判しろ」

大勢の威を頼んだ威嚇であった。

「お断りしまーす」

「ちょっと、来い」

私は彼らのやり方を軍国主義の裏返しと感じたから、反抗して従わなかった。

結局、全校集会で、鯨井校長は壇の上で手をついた。

「私が悪かった。しかし、諸君ね、今、私がこの学校を辞めさせられると、私も含めて家族が路頭に迷う」

校長が素直にわびたことで、戦前の権威はあっけなく瓦解したのである。学生は鯨井校長の気持ちを知って、しーんとなってしまった。

全校集会はそのまま解散して、排斥運動はぴたっとやんでしまった。中学生とはいいながら、生きることの難しさを誰もが知っていた。正義と信じ、主義主張を強く掲げても、武士の情けを持っていた。

終戦をあれほど象徴する出来事はなかった。

全国に目を向けると、学生に謝った先生は鯨井校長だけではなかったようだ。

「私たちがすべて間違っていた」

そういって学生に手を突いた先生が多かったと聞く。

素直な気持ちであるがままに思うのだが、戦前の教育は間違いもあったが、優れた点も多かったのだから、何を続け何を廃するか、その点をはっきりさせるべきだった。戦後教育は先生をきちんと治療しないまま、むやみに民主主義に突き進んでしまった。

劇的に変わった空気

劇的というような生易しい言葉ではいい表されないほど、終戦を契機にして日本は激変した。それまで抑えつけられていた人間が、一斉に肩で風を切って歩き出した。その卑近な例として鯨井校長排斥運動を挙げたのだが、権威の瓦解に便乗して日本を混乱に陥れた動きもないわけではなかった。

神戸の外国人ギャング団の横行などはその極端にして最たる例だが、よく見回せば便乗組とみなすほかない動きも少なくなかった。

そのへんは良心的な歴史家の総括に期待することにして、私は私なりに見解を明らかにしておきたいと思う。

戦中、終戦直後、あの時代、物はなかったが、一般の日本人は実に礼儀正しかった。清潔な日本だった。軍国主義ということではなく、自分たちの国というものをみんなが心に持っていた。国のために役立つ人間になろうとして勉強した。決して自分だけのためではなかった。そこが今と大きく違うところだと思う。

自分のことについていえば、時代には恵まれなかったが、私の人間形成には大事な時期だった。学徒動員がなければ私の精神形成に影響を与えたHさん、Nさんの二人に出会うことはなかった。

南河原小学校の小林先生にしても、戦争がなければ反戦、反軍国主義の気骨も現れなかったわけで、私にとっては案外よい恩師ぐらいの印象で終わってしまったかもしれない。

もちろん、私の反戦の立場にはいささかも揺るぎはないのだが、善悪だけを論じて全うされる問題ではないといいたいのである。歴史はその時代に身を置くようにして見つめないと本当の姿は理解できないといわれるが、真実だと思う。反戦イコール「あの時代」の全否定では歴史がゆがんでしまう。

反戦、反軍国主義はあくまでも行動した結果で、戦争や歴史を論じるときは主義、思想抜きに事実にのみ目を向ける。鯨井校長を軍国主義の権化とみなしても、血判状を強要するような排斥運動には協力しない。戦前にも悪い面が見受けられたが、一億総ざんげした戦後がすべてよくなったとも思わない。あるがまま素直に現象を見て、自分で考え、自分で判断を下すのが、昔も今も変わらぬ私の姿勢である。

そういう私の目からすると、戦後もかなり怪しげだ。日本人がどうなったかが、少しも総括されていないし、戦時体制が競争社会に置き換わっただけで現象は同じだ。そんな日本に見えて仕方がない。

しかし、戦争が終わってよかったという実感はある。

慈恵医大に入って、劇的に空気が変わった。私はこれまでとまったく違う自由な空気に接した。父は病床にいることが多く、暮らしは決して楽ではなかったが、生涯の親友ともめぐり会うことができて、初めて自分に合った環境で学べるようになった。

傘が必要だった校舎

慈恵医大予科の入学式の日のことは、今でもはっきり覚えている。校舎がなかった。いや、ないと思った—。当時、玉川電車といっていたが、私は大橋駅で降りて、駅前広場から坂を登って行った。陸軍の兵舎跡だと聞かされて来たのだが、いくら探して歩いてもそれらしいものが見当たらなかった。私と同じように迷っている学生が二、三人いたので、一緒になって探した。付近で唯一大きな建物が、二階建ての都営アパートだった。

「あれじゃないか」

見当は少し違うようだが、あれに違いないということになった。

「ここは学校ですか」

歩いて行って管理人に尋ねると、いきなりどやされた。

「学校じゃないよ。ここは、都営アパートだよ」

振り出しに戻ってからいろいろと尋ねて、昔、厩舎《きゅうしゃ》に使われていたという建物にようやくたどり着いた。二棟あって、窓は破れていたし、壁に開いた穴には板が打ちつけてあった。職員室も別の所にあった。

「これが、学校……」

私たちは驚いた。

授業が始まったときには六十人しか集まらなかった。定員八十人のうち約二十人は棄権したらしい。みんなで「賢明な奴らだ」とたたえ合った。

こうして、医学生として第一歩を踏み出したのだが、雨が降る日は教室で傘をさされければならなかった。先生が平然として言った。

「こういうところで勉強しないと、君たちは偉くなれない」

先生方は一人ひとりが大変な人格者だった。小学校のときの小林先生のような方が大勢いて、気骨があって、思いやりがあった。自由でとらわれない空気が、そういう先生方から生まれていた。

入学はしたが、私は寄付金が払えなかった。今から見れば微々たるものだろうが、昭和二十三年当時で五千円といえば結構な大金だった。終戦直後のことで、父は健康状態が不

慈恵医科大学予科２年生のとき
（右から２人目）

安定、起きたかと思うと病気で寝込んでしまう。父だけが稼ぎ手で、ほかに収入はなかったから、出してくれとはいえなかった。

予科に通っているうちに、「寄付金を払わないと退学させられる」といううわさが立った。今日辞めさせられるか、明日かと不安で落ち着かない毎日になった。

学生の顔を覚え、語り合ううちに、同憂の友が何人もいることがわかった。「一年置いてくれれば他所の学校へ行きます」という誓約をしようか、みんなで固まってそんな相談をしているところへ、担任の南右内先生が入ってきた。

「大学はそんなことで退学などさせはしないぞ。私がこの学校にいるかぎり、君たちを退学させたりはしません。心配するな」

きっぱり言われて、私たちの心配は消えて、落ち着いた日を過ごすようになった。

南右内先生の御子息は横浜市大医学部の教授になっている。

酒豪の赤ひげ先生

息子が慈恵医大に入って跡を継ぐ日も近いと考えて張り合いが出たらしく、寝たきりになっていた父が働き出した。父が往診に歩く姿を、私は学校の帰りによく見かけるようになった。

起き出したとはいっても、午前中に数人の患者しか診察しなかったし、往診もよほどの重症患者でないとやらなかった。大概、午後になると、どてらに着替えて、煙管《きせる》でタバコを喫っていた。

わが家にはかわいい三毛猫がいた。

父は三毛猫をどてらのふところに入れて、よく冗談を言って家族を笑わせた。

「おまえが女だったらなあ」

病気をしていても、愉快な父だった。

私がそっくり似てしまったように、父は酒が好きだった。瓶に入った「和風」という灘の酒が好きで、他の酒は飲まなかった。コップに注いだかと思うと、一気に飲んでおしまい。

「もう、ないか」

そういう豪快な飲み方で、亡くなる日まで「和風」を手放さなかった。母はそれで随分苦労したようだ。

近くに産婦人科の石井先生が院長をしていた医院があった。その方も無類の酒好きだった。昼間から父のところへ来て縁側で酒を飲み出した。わが家の前が酒屋だから、なくなると母が「和風」を買ってきて出した。二人で実に愉快そうに話しながら飲んでいた。今でも、その先生が目に浮かぶ。

父はある意味では本当の昔の医者で、変わり者だった。ある日、大人の患者さんが玄関に入って来て、診察室にいる父に声を掛けた。

「先生、風邪をひいたみたいだから、ペニシリン打ってくれや」

「医者に向かって指図するやつがあるか」

父は怒って、「ここは小児科だ、帰れ」と言って、せっかく収入になるというのに追い返してしまった。わが家の経済など少しも考えなかった。

父が亡くなってからカルテを整理しながら何げなく見て思い出したのだが、どんなに体調が思わしくないときでも、父が往診を欠かさなかった家があった。往診したあと、患者の姉と弟が二人でよく薬を取りに来た。先に戻った父が自分で調剤して渡していたので覚えているのだが、姉や弟はその薬を押し頂くようにして帰っていった。かわいい姉弟だった。「帰りはどの道を通ろう」と楽しそうに話した。父のところに来るのがそれぐらいうれしかったのだと思う。

父は私に何もいわなかったが、患者さんは姉弟の姉で十四、五歳ぐらい、重症の肺結核だった。まだ社会保障制度が整備されていなかった時代で、親に死なれて患者と弟と妹たちが貧しく暮らしていた。生活保護も医療保護もなく、自費で治療を受けるほかなかったから、まともには払えなかったと思う。だから、父は患者の少女が死ぬまで往診を続けながら、一切、治療費を受け取らなかったし、それについて一言もいわなかった。

父は偉い医者だったんだな…。

私はカルテを眺めながら強く感銘を受けた。

わが家の翻訳講談師

前述したことは、いずれも昭和二十三、四年ごろのことである。父はすべて患者さんのことは何も言わなかったし、母も質問しなかった。両親とも自分の受け持ちを淡々とこなしているという感じだった。

当時、家は現在の幸区塚越に移っていた。非常にのどかな土地で、わが家のすぐ前を用水が流れていた。水がきれいでドジョウが泳いでいた。道は舗装されていなくて、雨が降れば泥んこになるし、乾けば土ぼこりが舞った。

予科を修了した私は、南武線の矢向駅まで歩いて、武蔵小杉駅で東横線に乗り換えて渋谷駅に出て慈恵医大予科に通った。

このころ、わが家は一番貧乏だった。

後に父はたまたま具合が良くなったとき、診察で得た金で丸善から横文字の医学書を買ってくれた。本に手を触れるだけで私はうれしかった。目を通してみてアングロサクソン、ゲルマンの民族性が如実に現れた緻密な記述に驚かされた。

これじゃ、戦争に勝てないなあ。

つくづく思った。

大学で仲がよかったのは、水越君という学生だった。父親を失って家計は楽でなく、いろんなアルバイトをして極貧の暮らしをしのいで通っていた。埼玉の出身で、「そうだんべ」と方言丸出しの素朴な男だった。予科の先生から、「水越、おまえ、道を間違えたな」と言われるぐらい数学が好きで、よく勉強していた。難しい問題でもあっさり解いてしまう頭だから碁が強かった。

数目置いてもらうほどの「ヘボ」の私を相手にしても、まったく容赦しない。絶対に「待った」を許さない。

「案外、お前、残忍な性格だな」

「なに言ってやがんだ。弱いから悪いんだ」

私がつい悔しまぎれにいって、けんかになったことがあった。

娯楽はほかになかったし、碁でもして付き合う以外なかった。それこそ碁敵になってけんかをしながらでも、親友と過ごす時間は楽しかった。

学生時代の私の楽しみは、やはり読書だった。

進駐軍のＧＩが帰国するとき、神田の古本屋にポケットブックをたくさん持ち込んだ。表紙にカラフルな絵が描かれていた。推理小説では、「ファンタム・レディ」「ザ・ブライド・ウォー・ブラック」「カナリー・マーダーズ」「カスク」など二束三文で買うことができた。私は神田へ出てポケット・ブックを買って帰ると、コンサイスを左手に置いて翻訳しながら、夢中になって読みふけった。

面白くて夜が更けるのも忘れたが、そのうち読むだけではつまらなくなって、母と妹を前に並べて読み聞かせた。ラジオもろくに聞けなかったから、二人とも喜んで耳を傾けた。

翌日になると、母が決まって声を掛けてきた。

「昨日の続き、お前、読んでくれるね」

母が一番喜んだのが、「ファンタム・レディ」だった。

貧乏学生の娯楽事情

学部のころ、金を使わない遊びとして学生の間にマージャンが流行した。マージャン屋へ行くと、いつも同じ知らぬ人がいた。不思議に思って「あんた、どこの人ですか」と聞くと、相手は怒って「おまえらの二年上だよ」と言った。

大学では見かけないのに、マージャン屋へ行くと必ずいた。試験のときだけ大学に顔を出して、落第しないで卒業してしまった。

そういう不思議な学生もいた。ほかにも、いろいろと、おもしろい学生がいた。

当時、角帽をかぶっている学生はほとんどいなかったが、たまに見かけることがあった。いつも角帽をかぶって来ていた学生が、試験のときになると大学の食堂に一番先に来て、みんなに呼び掛けた。

「おまえら、来い。試験の問題、ヤマかけてやるぞ」

ホウさんという学生なのだが、そういう本人が五、六回落第していた。

「何言ってんだ、あいつ」

誰も取り合おうとしなかった。

実はホウさんは錦糸町でパチンコ屋を経営していた。それを誰も知らなかった。駒込病院に実習に行った帰りに仲間と錦糸町に流れて、「お金を殖やそう」と言ってパチンコ屋に飛び込んだ。

私は同級生と並んで一個ずつ玉を入れてはじき出した。ところが、玉がどんどんなくなってしまう。たまに当たりの穴に入りそうになっても、すぐにくぎに引っかかってしまう。私は頭にきてガラスをたたいて怒鳴った。

「玉が出ないよ」

上から店の人がぬうっと顔を現した。

ホウさんだった。

「こりゃ、いけねえ」

私は同級生と一緒に逃げ出した。

医局に入ってからのことは後で述べるが、先んじて飲むほうでいえば、「トリハイ」が流行った。トリスのハイボールのことである。

「おまえ、いくら持ってる」

聞くほうも、答えるほうも、百円という金を持っていた試しがないのである。ところが、開店の少し前に行って真っ先に並ぶと一杯五十円のトリハイを四十五円で飲むことができた。

テレビが登場したてのころ、プロ野球の中継を見るために、私たちはよく喫茶店に入った。コーヒー一杯で粘られたらとてもではないが商売にならなかったと思うのだが、オヤジは少しも嫌な顔をしなかった。

新橋の界隈《かいわい》にはなぜか高級な中華料理が集まっていて、高級車が来ては専用の駐車場に吸い込まれるように入って行っていた。後に林語堂という人の書いた本で調べたら、当時、世界の最高の中華料理屋が新橋に集まったというようなことが記されていた。

「君たち、間違っても、ああいうとこ入ってはいけませんよ。まともには帰ってこられないよ。裸になるよ」

講義中手を休めて教授がわざわざ注意するほど私たちは貧乏に見えたのだろう。

神様ほど猛勉強した

診療という行為は正式にはまだ認められていなかったのだが、大学を卒業してから門前の小僧みたいに少しずつ薬をつくったり、カルテの整理をしたりと私は家の手伝いをしながら、大学でインターンをした。それでは一人前の医者になれないというので、私は大学病院の医局に入った。

医局時代にも偉い先生がいた。酒井潔先生は小児科の教授で、終戦で台北から引き揚げて、国立相模原病院の副院長になった方である。当時すでに五十歳を半ばほど超えておられたと思う。私はひそかに「臨床の神様」と名づけて尊敬した。

夕方、暗くなって医局に入ると、本棚のところに誰か立っていた。辺りには字が見える程度の明るさしかなかった。酒井教授だった。本を手にして熱心に読みふけっていた。本は「ブレンネマン全書」の一冊だった。

私たちが暇つぶしにマージャンをやっているというのに、なんということか、「臨床の神様」が誰よりも熱心に勉強されていたわけである。

私は酒井教授の姿を見て稲妻にでも撃たれたような気持ちになった。

酒井潔先生は「社会医学」を提唱されていた。日本人の暮らしは決して豊かとはいえないときだったから、入院が長引くと家計を圧迫してしまう。酒井先生は入院が長期に及ぶと温度表をじっと見て、黙って悲しそうな顔をし、しばらくしてから言った。

「もう帰してあげなさい」

病院は愛宕山の下にあって、金持ちの子の入院患者が多かったが、中にはわが子のためを思い、助けたい一心で東京の大学病院を頼って、やりくり算段して金を出している親もいた。個々の患者の家計まできちんと把握して、そこまで考える方だった。親は退院と聞いてうれしそうな顔をして子どもを引き取って帰っていった。

私は病室でよくそういう光景に接した。

東京の青砥病院に勤務した頃
（昭和31年頃）

医療だけでは駄目だというのが、酒井先生の考えだった。社会医療には医療経済の考え方が取り込まれていて、個々の患者さんの家計の負担まで目を開かないといけないといった。それが本当の臨床だと私は身をもって教わった。

酒井先生は私たちに無駄な治療を一切させなかった。私と仲間の医学生が補液の支度をして待っているところへ、先生が入って来られた。診察は無造作なのだが、終わっても部屋から出ないで、子どもの様子をじいっと眺めておられた。それから、やおら私たちに目を向けた。

「君、補液の道具、しまっちゃいなさい」

「よろしいんですか」

私が心配して確認すると、酒井先生がきっぱりと、また指示をされた。

「常食にしなさい」

いくら教授でもびっくりすることを言う、と私はあぜんとした。

一応、私は酒井先生の指示に素直に従って、補液の道具を片付けて常食の手配を伝えたが、内心では冷や冷やしていた。

ところが、常食にしてから、子どもがもりもり食べ出した。

子どもを診る恩師たち

常食に切り替えてから急に食欲を見せた子どもは、たったの二、三日で全快して退院してしまった。酒井潔先生のそのへんの見極めは、もはや、神業というほかなかった。ただ、眺めていたんではなかったのだなあ。

病気の子どもを診るということは、子どもの病態学だけでなく先生の豊富な経験がそこに加味されて、臨床医学に高められていたのだった。

診るということが、どれほど大事か……。

私は酒井教授から実際の診察を通じてまざまざと教えられた。以来、骨身に徹して忘れることがなかった。貧乏はしても医局に残れたということは、それだけでも貴重な収穫につながった。

酒井潔先生のほかにも国分義行教授という偉い先生がおられて、小児科医療の遠い未来を見通して、四十年先を正確に言い当てられた。今日、私はその年を超してしまったのだが、当時の恩師たちには及びもつかない。

　国分先生は津軽南部の出身で、弘前高校から慈恵医大を出た方だが、ものすごい「ズーズー弁」で何を言っているのか、慣れないうちは分からなかった。文章の「むすび」とするところを「むしび」と書いた。医局時代の私は陰で教授の「ズーズー弁」をまねして冷やかすようなことをしたし、先生が「むしび」と書いたところを指で指して歩いたり、そんな悪さばかりしたが、心の中ではいつも尊敬していた。

　結局、私は医局に五年弱いたのだが、同級生は七人だった。また、昔の悪い癖が出て、次第に学位の行方が不安になってきた。もらってみれば医学博士号などネクタイの代わりにもならないと分かるのだが、それなのに七人で集まって「よこせ」とやってしまった。

「よこせとは、なんだ」

　国分教授がかんかんになって怒った。

　談判が物別れに終わると、七人で病院の斜め向かいの建物に立てこもって、決議文をつくって国分先生に突きつけた。

　川中時代の倉庫番のときといい、私にはそういう癖があるらしい。

「もう、おまえたちのクラスは、札つきだな。悪い奴がそろった」

国分先生に後々まで言われてしまった。

それほど医局の仕事が大変だったと理解していただきたい。

今では考えられないことだが、当時の私たちは家に帰る暇がないほど働き詰めだった。患者さんのベッドの下に莚《むしろ》を敷いて、徹夜で診ないといけないような雰囲気があった。医局長やベテランの先生は、「いいか、しっかりやれ」と言って帰宅してしまうのだが、私たちは口では「分かりました」としおらしく言っておいて、心の中では「ちきしょう、帰るのか」と罵《ののし》りながら、患者さんのベッドの下に潜り込んだ。

私が医局に入って一年目のある日、肺炎の子どもが入院してきた。ベッドの下に莚を敷いて泊まっていたら、おばあさんが付き添っていて、何を誤解したのか、「先生、うちの孫娘、よかったら嫁にどうですか」と声を掛けてきた。

どうやら入院している子どもの姉のことらしい。

臨床の基本体で学び

小児患者の姉さんは時々、病院へ見舞いに来ていたので、私は知っていた。私がベッドの下に莚《むしろ》を敷いて診察する姿を見て、孫娘に気があるからそこまでやってくれるのだろうと勘違いしたらしい。

冗談じゃないと思ったが、汗を浮かべてなるべく遠回しにご遠慮申しあげた。

三日、四日は家に帰らない。そんなことは日常茶飯事だった。臨床には経験がどれほど大事なものか、直接、体でたたき込まれた。当時の医者は科学者というより、職人と考えられていた節がある。理論より実践、理屈より腕前、病理よりも臨床が尊ばれた。

それこそ昼夜兼行の状態で、私たちが風呂にも入らないで診療していると、医局長が来て言った。

「君たちは接客業なんだぞ。そんなのむさくるしくて駄目だよ」

接客業なんてやなこと言うなと思いながら、私は医局長に問い返した。

「じゃあ、どうすれば、いいんですか」

「これから、風呂に行こう」

まだ昼間だったが、私以外は医局長に付いて銭湯に行った。

帰って来ると、今度は「みんな、金を出せ」と言う。いくらも持ってないから、百円とか、二百円ぐらいしか出せない。上のほうの人がたくさん出して、酒を買い込んできてコンパを開いた。

私たちは医療機械ではないから、ぶっ続けの勤務で疲労がたまっていた。そろそろ息抜きをしないと集中力が途切れそうなときで、思い切り騒いで気分をまた新たにし、「さあ、やろう」という心境になった。

青砥病院勤務時代

私たちのためというより、それ以上に患者さんのためになったと思う。直接、患者さんに「接客」する私たちの緊張と緩みの使い分けを、先生方はきちんと心得ていたということだろう。先輩後輩の序列は厳しかったが、人とのつながりを大事にするところだった。とりわけ「使用人」を大事にする点にはつくづく感心させられた。

それぐらい昔の医局は臨床の経験に重きを置いた。だから、今日のような医療過誤などほとんどなかったといってよいくらい、診察段階からして確かな腕が身についた。病理学は学問だから日進月歩し、教室で講義を受けるだけで理論として受け継がれるが、経験が物をいう臨床学はそうはいかない。臨床経験の大切さを忘れてしまうと、時代によっては退歩することもある。

科学文明と人間精神も同じようなものだろう。科学文明は学問することで直進的に継承される。しかし、人間精神は一代限りで失われ、しっかり継承されていかないと、昔より劣ってしまうことがある。

特に近代は科学文明の進歩が劇的ともいえるほど目覚ましく、それを支える哲学的知見が確立されないといけないのだが、研究そのものが旧態依然で、科学と精神の関連に目が向けられていない。大変に恐ろしいことだと思う。

医局去るときがきた

慈恵医大は医師の息子が多いといわれたが、世の中はインフレで、そのためか、私たちのクラスには医者の息子が少なかった。サラリーマン、自営業などの家庭の同級生が六割ぐらい占めていたと思う。

だから、アルバイトが大流行した。アルバイトでもしなければ、とても通い切れなかった。私も一回だけどこかの工場にアルバイトに行った。大量の青酸カリが露天風呂みたいにタンクに入って無造作に置かれていた。誰かがコップに一杯でもくんでいって、何かに混ぜれば大量殺人が行われてしまう。青酸カリのタンクを見てびっくりして、私はすぐに辞めてしまった。

私はそういうことになってしまったが、ホテルのボーイ、キャンデー売りなどはまだ気の利いたほうで、清掃員としてくみ取りホースを持ち運びするアルバイトなど、みんなはいろんなことをやっていた。くみ取りのバキューム・ホースを扱うアルバイトをしていた同級生は、そのときの格好をおもしろおかしくしぐさにまねて、みんなを笑わせた。

アルバイトをすることが恥ずかしいというような風潮もなく、経験したことを話したり聞いたりして、みんなで腹を抱えて笑い転げた。

仕事は厳しくてつらい面もあったが、楽し

昭和32年頃、医局時代

いことも多かった。
医局入局から丸二年、国内留学みたいな格好で、私は芝白金台にある国立予防研究所に派遣された。ちょうど、皇太子と美智子妃殿下の御成婚のときで、みんな仕事の手を休めてテレビにかじりついていた。
弁当を持って来る人などいなかった時代で、昼になると決まってそばを出前で取った。ほとんどが「かけ」か「もり」である。きつねそばでも取ろうものなら、たちまち注目されてしまう。ある日、「天ぷらそば」が交じって届いた。ふたを取らないでも、中身が分かるらしい。

「こんなもの、誰が取ったんだ」

予研の人たちがまわりに集まってきて、「これは何さん」と一つひとつ確かめて、天ぷらそばを取った犯人を割り出そうとした。議論するうちに所長のお客さんに出すものと分かって、みんな納得して解散した。

日本全体が飢えていた時代で、ブイヨンをつくるときに出る肉かすを、ラボランチンと呼ばれていた女性の実験助手がよく持ち帰っていた。

予防研究所の二年を加えて、慈恵医大の医局で五年間を送るうちに、いよいよ父がいけなくなった。母親や妹、妻子に少しはまともな暮らしをさせてやろうという気持ちになって、私は教授のところへ出向いた。

「家のことがありますし、父が、もう、いけませんから辞めます」

教授から強く慰留された。しかし、昭和三十年に大学を卒業して、三十二年の秋に結婚し二児の父親となって、三十六年ごろからわが家と医局のかけ持ちをしてきたが、限界だった。後ろ髪を引かれる思いで、私は医局を去った。

第二章　公害病との闘い

経験は金で買えない

昭和三十八年八月三日、父忠道が亡くなった。日差しの強い暑い日に告別式を営んだ。家のまわりにはまだ草むらが残っていて、日を遮るものもなかった。その炎天下、患者さんが焼香の列を五十メートル以上もつくってくれた。父には何物にも勝る勲章ではなかったかと思う。列の合間に医師会に関係する人がぽつんぽつんと挟まって、いかにも父の葬式らしかった。

やっぱり、父は「赤ひげ」医者だった…。

私はあらためて再認識させられた。

治療するだけでは駄目なんだ—。酒井潔先生の言葉を思い出し、かみしめ直した。父は町医者の立場でかたちを変えてそれを実践してきたのだった。

かつて父の診療を手伝い始めたころ、私は丹毒と判定できなかったことがあった。

「お父さん、これ何だよ」

私が聞きに行っても絶対に教えなかった。

「自分で診察しなさい。自分で考えなさい。自分で診断つけたら、それが絶対に正しいと思ってやれ」

丹毒はおへそのあたりから始まって、上へ上へと赤く腫れ上がっていった。急性の感染症で死に至ることがある恐ろしい病気である。患者さんのためなのに、随分、冷たいこと言う父だなと思ったが、臨床の経験を積むにつれて私を育てるためだったと気付いた。

教わって分かるのと自分で気付いて分かるのとでは、経験に大きな違いが出る。診る目のすごさを酒井潔先生から学んで分かった。大きな目でみた場合、自分できちんと診察できる医者を育てれば、助かる患者の数は格段に多くなるだろう。

私は父の跡を継いで小児科医を開業した。母、妻子三人を養うために、無我夢中だった。父が亡くなると、一転して親せきが冷たくなったが、父が残してくれた患者さん一人ひと

孫を抱く最晩年の父

りが治療に当たる私の支えになってくれた。決してお金持ちではないが、そういう理解のある患者さんが、ざっと数えただけでも三十人くらいはいた。

終戦で外地から引き揚げてきた人たちのお子さんが小学生になって、時期的にも子どもさんの数が増えた時代だった。当然、小児患者も増えて忙しくなった。多いときには薬だけの患者さんも含めて一日だけで二百八十人を超えた日もあったりして、翌日、寝込んでしまったこともある。

戦争の体験に加えて、診療戦争ともいうべき戦後、さらには思想の変革をくぐり抜けて思うことは、小さいときのように経済的にめぐまれた暮らしのままだったら、ろくな医者にならなかったということである。

極貧からようやく抜け出したが、体験は金では買えないものだとつくづく思った。インターネットで台頭した若い事業家の中には、「金で買えないものなどあるわけない」と豪語する人もいるようだが、恐らく他の人には何の意味も持たない言葉ではないかと思う。

押しつけられた理事

若いときは誰しも正義感が強く、分別より理屈が勝っている。私は机上の考えで社会主義、共産主義に共鳴したことがあった。闘士といわれた同年代の人たちのように活動はしなかったが、世の中をよくするにはそれしかないと信じた時期があったことは確かである。

しかし、開業してから十年、小児医療に汗を流して経験を積むうちに、今、目の前のことからよくしていくほかないと考えるようになった。自分の子どもも大きくなるし、世の中の子どもが一人でも多く元気に育つことが、私にとっては一番の幸せだと感じた。

その延長線上のこととして、戦争みたいな忙しさが一段落すると、私は医師会活動に目を向けるようになった。せんえつながら医師全体の生活を底上げができれば世の中のためになると考えたのである。

川崎市医師会が保健所や小学校の二階を借りて常会を開いていた。昭和四十八年のある日、とあるそば屋の二階で常会が開かれた。

「おい田中、来い」

特に呼び出されて出席すると、長老の先生が私に声を掛けた。

「田中君、ここへちょっと座れよ」

私は長老の前に座らされてかしこまった。

「いいか、今度、八組からの理事を君にすることに決まった」

川崎の医師会は暴力団みたいじゃないかといわれるのだが、セクション別に「組」の名で呼んでいた。私の居場所は川崎市医師会第八組だった。

長老が続けて言った。

「あんた、どうせ、順番回ってくるから、早いうちやれよ」

前任者は病気で引退するという。

唐突な話だった。私は「えーっ」と声を上げて驚いた。当時、私はまだ四十三歳でしかなかった。だが、長老は有無を言わせぬ口調で私に迫って、いや応なしに押しつけた。

予防接種なり検診ぐらいなものだから、まあ、いいや。

私は小児科だから「公衆衛生担当理事だろう」と勝手に理解して引き受けた。ところが、

川崎市医師会理事一期目当時

当時、近藤正夫会長だったが、いきなり「公害対策をやれ」と言われてしまった。

昭和二十年代の後半から中近東で石油資源が相次いで発見され、世界にエネルギー革命が起きて、石油が主燃料に切り替わった。当時は脱硫という考えさえなく、未精製の石油を燃やしていろんな製品をつくった。日を追うごとに大気が汚染されて、川崎、四日市、北九州、大阪市西淀川区、大牟田など、工業都市で健康被害が続出した。公害は大動乱時代を迎えつつあったのだ。

望んだように公衆衛生をやっていたら、私は二期か三期務めて、もう少し楽な人生を送ったと思う。人生の歯車のかみ合わせが思わぬギア・チェンジをもたらして、私をまるで違う方向に押し遣《や》っていった。

復興に隠れた公害病

これまでの記述と一部重複するが、大気汚染問題の背景を少し詳しく述べておこう。本土空襲で壊滅的な打撃を被った日本の重工業は昭和二十年代に復興が始まり、二十五年の朝鮮戦争の特需景気が追い風となって一気に加速した。それにさらに翼を与えたのが、三十年代後半から四十年代にかけて中近東で起きた石油資源の相次ぐ発見だった。

中東のイラン、イラク、エジプト、サウジアラビアの大油田に加えてカスピ海でも油田が発見され、発展途上国を中心にいわゆるオイル・ラッシュが起き、先進国でエネルギー革命が進行した。

朝鮮戦争の軍需景気で足腰を鍛えた日本の重工業は、特需が終わってからも発展を続け、「アメリカに追いつき、追い越せ」を合言葉にして、一斉にエネルギーを石炭から石油に転換した。

当時の石油の使い方は非常に荒っぽいもので、硫黄化合物の含有量が多いまま精製しないで燃やし、硫黄酸化物（SO_x）を大気中に大量にまき散らした。南から挙げると、北九州地方、大阪、四日市、名古屋、京浜工業地帯、千葉の被害が甚大だったが、現実に煙がもくもく出るのを見て、「日本の工業力はすごいんだ」と復興のシンボルみたいに感じて、みんな喜んでいたというのが実情だった。

昭和三十九年に開催された東京オリンピックがさらに引き金となって、高度成長が一段と加速した。政府がオリンピックの開催に国家の威信を賭けて一般道路の整備を進め、新幹線や高速道路の建設に取り組んだためである。

道路網が張り巡らされたことで、モータリゼーションの波が押し寄せ、自動車の排ガスが工場の紛じんに加わった。国産自動車業界もアメリカをはじめとする「外車に追いつき、追い越す」のに夢中で、排ガス対策は念頭になかった。工業地帯の大気汚染は複合汚染といってよいのだが、公害という言葉すらまだなく、マスコミはもとより誰もが「それでよし」とした。

小学校や中学校の社会科の授業で、日本の工業の発展をアメリカの進んだ工業力と比較して教わりながら、高度成長を礼賛する気持ちになった記憶を持つ人も少なくないはずである。

あるがままの歴史は以上のごとくで、いずれにしても公害の元凶であるＳＯ$_X$は目に見えない。においはすごかったが、高度成長のシンボルと理解して誰もが許容し、我慢した。

しかしながら、慢性気管支炎、ぜんそくなどの公害病は地域住民の間でひそかに、確実に進行していた。最初のうちは患者が急増して表立った現象となっても、目に見えない大気汚染との関連を証明できなかった。結果として公害病が深刻になるまで対策が放置されてしまったわけである。

「ぜんそくの犯人」は

大気汚染と公害病の因果関係の解明に真っ先に取り組んだのが、肺生理の学者と法学の学者たちで、先頭に立ったのが吉田克己博士だった。

ちょっと専門的になるが、吉田博士が取り組んだのは疫学的手法を用いた因果関係の解明法だった。

疫学というのは集団現象としての疾患の発生、分布、消長と、これに及ぼす自然的、社会的諸要因を調べるもので、研究に長い時間を要する。

最初に問題になったのが四日市の疾患だった。私が現地の人から直接聞いた話では、医療機関からの請求書―レセプトと呼ぶが、そこに記される「ぜんそく」の病名が急増したという。

「これはただ事じゃないぞ」

医師会をはじめ医療関係者は顔色を変えて、原因の解明に乗り出した。いわゆる「四日市ぜんそく」である。原因が工場から排出される亜硫酸ガスだということを、吉田博士が苦心して疫学的に証明した。

疫学的解明には一定の法則がある。

一、因子が一定期間前に作用すること。

一、因子の作用する程度がいちじるしいほど疾患率が高くなる（ドーズ・アンド・レスポンス・リレーションシップ）。

一、因子が除去されるか、少なくなると、罹患率《りかん》が減るか、疾患の程度が低下する。

一、因子が作用するメカニズムが、生物学的に矛盾なく説明できること。

吉田博士は以上四つの法則で集団現象の因子を解明し、「疫学的に見て明らかに亜硫酸ガスが犯人だ」と突き止めた。

「たばこだって吸うじゃないか。家庭だって、ガスを使うだろう」

反論が相次いだが、吉田博士は屈せず、「確かにたばこだけでも気管支炎になったり、ぜんそくを引き起こしたりする。けれども、汚れた空気の中でたばこを吸うと余計早く病気になるし、症状も重くなる」と強く主張して譲らなかったという。

一方、東の横浜、川崎でも、誰かが「横浜ぜんそく」、「川崎ぜんそく」と言い始めていた。四日市で公害病の因子が解明されると、横浜、川崎でも、工場の排煙に含まれる亜硫酸ガスが問題になった。

川崎市は扇島沖を埋め立てて、続々と石油化学プラントを誘致し、一大コンビナートを形成してきた。排煙の量は全国屈指だった。洗濯物が汚れるので外には干せないとまでいわれるようになった。亜硫酸ガスが「ぜんそくの犯人だ」と聞いた川崎市はびっくりして、市内十五カ所に測定機器を設置し、硫黄酸化物の濃度を観測し始めた。

昭和三十二年のことだった。

測定の結果は歴然としていて、全国の基準値を大きく上回った。

これではいかんというので、昭和三十五年、川崎市は「公害防止条例」を施行した。

光化学スモッグ発生

川崎市は公害防止条例を設けて石油化学プラントから排出される硫黄酸化物の量を減らそうとしたが、ナフサの処理プラント、重油をたく火力発電所の増設という動きにストップをかけるには至らなかった。煙は止まらない。ばい煙は東京にも流れて、「何とかしろ」と都民が怒り出して大騒ぎになった。

昭和四十年代に入ってからの川崎、鶴見地区はいつの間にか公害都市、汚れた街というイメージに変ぼうした。私が少年時代を送った田園都市川崎は昔語りにもうそにしか聞いてもらえなくなってしまったのだが、石油コンビナートの扇島はかつては遠浅の海水浴場だった。間もなく大気汚染地区に指定される田島地区には爆弾池と呼ばれる池が点在し、周囲は水田だった。草むらもあちこちにあって、子どもたちは小川にささ舟を浮かべ、メダカを追っていた。

高度成長がいかに急激に川崎を変えたか…。

川崎市医師会が運営していた准看護師学校を卒業したというのに、地方都市の親が「娘は川崎にやれない」と言い出すありさまで、とうとう看護師不足が深刻になった。

こうした最中に、四日市で公害訴訟が起きた。京都大学の佐川弥之助教授が鑑定人として国会で証言して、疫学的な根拠から大気汚染との因果関係を明らかにした。このとき国会に提出されたのが「佐川鑑定書」である。

昭和四十五年、川崎市は公害病患者を救済するために、臨海部の大師地区、田島地区をはじめ六つの地区を汚染地帯に指定し、患者さんの医療費を援助することになった。その直後に突如として光化学スモッグが発生した。目はチカチカする。はなは出る。のどが痛む。大気汚染がまったく新手の公害にかたちを変えて登場したのだった。川崎市は直ちに東海道線を境に海側の全域を汚染地区に指定した。

こうして公害問題がクローズアップされる最中の昭和四十六年、革新系の伊藤三郎市政が誕生した。伊藤三郎さんは現職時から「公害市長」と言われたくらい公害対策に前向きに取り組んで、早速、公害監視センターを設けた。

私が川崎市医師会の理事に就任して公害対策と向き合うことになったのは、こうした経緯を受けてのことだった。理事に就任する経緯は前に述べたが、いきなり重い命題を突きつけられて、「えらいことになった」というのが偽りのない気持ちだった。

それまでにも、ぜんそくに苦しむ小児患者を数多く治療してきた。せき込むと体を丸めて苦しがる。せき込むたびに体力を奪われ、虚脱状態になってしまう。私自身は経験したことのないことなのだが、見ているだけで代わってやれるものなら代わりたい気持ちになった。親の気持ちも同じだったろう。保健所のぜんそく教室で症状を和らげる方法を指導もしたが、いずれも焼け石に水という感じで、靴を隔ててかゆい足の裏をかくようなもどかしさだった。

国も被害救済に着手

私は公害を担当してまだ日が浅かった。

小児科医として公害問題にどうやって立ち向かうか。

しかし、小児科の一医師の立場では、治療するだけで、原因まで絶つことはできない。公害対策というと完全に政治の分野だ。これはもう組織的に取り組むほかないと思ったから、医師会活動に骨を埋めようと腹をくくった。

昭和四十七年七月、四日市公害訴訟に、「工場排煙による集団的な被害である」という確定判決が出た。前に述べた「佐川鑑定書」が四日市公害訴訟判決の決定打になったのである。

判決を受けて、国は傍観しているわけにはいかなくなって、ようやく被害者の救済に立ち上がった。そういう意味で四日市の公害裁判は劇的だった。世界の公害裁判でも特筆されるものだったといってよいだろう。

結果として世界でも初の「公害健康被害補償法」が制定されることになるのだが、ある日、総務庁の橋本道夫審議官と環境庁の竹中浩治課長補佐（当時）が立法を視野に置いて視察に訪れるというので、川崎市医師会から説明役として近藤会長、磯野和久副会長、亀田通夫理事、私の四人が出て、川崎大師駅前で到着を待ち受けた。

川崎市医師会副会長当時。右が磯野和久会長

そのときの光景が私の脳裏に今でもはっきり焼きついている。

ちょうど、その日、光化学スモッグ注意報が出ていた。やがて、大師の駅頭に公用車が横づけになった。ドアを開けて現れた二人が、開口一番に声を放った。

「こりゃあ、ひどい」

空気はにおうし、目はチカチカする、という言葉があとに続いた。

「聞いていた以上です。これは放っておけませんよ」

私たちがあれこれ説明して訴える前に、二人の間であっさりと結論が出てしまった。それほど川崎の大気汚染がひどかったということなのだろうが、二人の視察が公害健康被害補償法制定の第一歩になったのは、紛れもない事実である。

偉い方たちだなあ。

当たり前のことを当たり前にやる。それしかよい仕事を為し遂げる道はないわけだが、竹中課長と橋本審議官は私たちの見ている前であっさりと答えを出してしまった。豊かな人柄が感じられた。何としても説得してみせると意気込んで待ち受けただけに肩透かしをくった格好になったが、私はある種の感動さえ覚えた。

指定地域の策定から補償の基準、額などデータをそろえるだけでも大変な作業になったはずだが、竹中課長と橋本審議官が二人で公害健康被害補償法を立案し、公布に至ったのは昭和四十八年十月五日のことだった。異例ともいうべき迅速さだった。

川崎市は川崎区全域と幸区の一部、横浜市は鶴見区の東海道線より海側一帯、他県では富士市、名古屋市、四日市市、大阪市、尼崎市、北九州市、大牟田市などの一部地区が指定区域になった。

医師の誇りをかけて

公害健康被害補償法の施行に半年ほど先行して川崎市健康被害者認定審査会が発足、約一年後には川崎市健康被害診療補償審議会も発足した。私は双方の審査員を務めることになった。

審査の対象になる疾病は気管支ぜんそく、慢性気管支炎、ぜんそく性気管支炎、肺気腫の四つだった。そのどれかであること、一定期間指定地域に住んでいることなどが認定条件だった。

磯野副会長と私は補償法に基づく医療費の基準をつくるとき、労災保険をモデルにした。金が絡むことだけに慎重を期した。症状の重いほうから特級、一級、二級、三級、等級外というように等級も細かく決めた。環境庁の竹中課長のもとに日参して協議した。結果として私たちが考えた通りの基準で決まった。

認定者は日を追って増え続けた。疾患が明らかな場合は片っ端から認定した。特級の判定はほとんどなかった。二級の判定が最も多かった。最初は基準を満たす患者さんばかりで、問題はほとんど起きなかった。

困ったのは明らかに基準外の申請者だった。医師だから診察すれば病名はすぐに分かる。当然、等級外と判定した。しかし、金が絡むだけに、それだけでは済まないで、私たち審査員は目の敵にされるようになった。

認定審査会に臨む（前列最奥）

不幸にして亡くなられた患者さんの審査も担当した。死因が公害病に起因するかどうかを判定した。他の病気が原因だと判定すると、遺族が怒って不服を申し立てた。大概、どこかの政党の弁護士がついた。認定審査会で再審査して、「原審通り」として差し戻すと、遺族の弁護士は次に総理府の不服審査会に持ち込んだ。

数多く判定する中には誤診もあるだろうとあらかじめ用心して、制度はそこまで慎重に仕組まれていた。私たちも「法の精神」を十分にくみ取って間違いのないように真剣に取り組んだ。審査員が安易に妥協すれば、指定されていない地域の患者さんとの間に不公平が生まれてしまう。

だから、審査員は無慈悲な気持ちで等級外の判定を下しているわけではなかった。医師としての良心、誇りから、あるがままに判定しただけだった。しかし、それを誤診といわれては、こちらも威信をかけて受けて立つほかなかった。

補償法に指定された地域に住む人がすべて発症するとは限らない。公害だけが死因ではない。医師は人の死に必ず立ち会うことになっていて、死因の診断は厳正に下す。人の一生の終えんともいうべき弔いが、それによって初めて可能になる。厳粛で大事な社会的使命なのである。それを間違いとされることは、医師としての識見を否定されることだ。医師にとっては単に公害病うんぬんの問題ではなかった。

私は川崎市の審査会の代表として総理府に五回ほど足を運んで、弁護士とやり合った。若気の至りで、こっちが正しい、負けてたまるかという気持ちだった。かくして不服の申し立ては五回とも却下された。

公害調査続ける決意

近藤正夫先生の跡を受けて川崎市医師会会長になった磯野和久先生が、公害指定地域医師会連合協議会（公医連）の初代会長に五十歳の若さで就任した。私もまだ四十三歳だった。二人で全国の指定地域を回って会議に出席し、情報を交換し合った。

川崎市医師会の公害対策理事は河野和夫先生が初代で、私は二代目だった。前任者の河野理事が昭和四十六年度から始めた「公害病調査」を受け継いだ。最もクリアカットな気管支ぜんそくだけを対象にしていた。

市内全域の全医療機関にかかっている気管支ぜんそく患者の実態を調べたもので、毎年欠かすことなく続けた。患者の数は驚くほど多かった。川崎市民の公害による健康被害があらためて浮き彫りになった。川崎区と幸区が突出していたが、指定区域外の地域にも意外に患者が多いことが分かった。

私が幸区塚越で開業する田中小児科医院にも、毎日、二百人近い小児患者が訪れていた。診察するだけでも一人医師の医院にとっては大変な数である。くたくたになりながら、診療の合間を縫って、調査のデータを整理した。

今ならコンピュータに入力すれば簡単に整理できるが、当時はすべて手作業だった。夜は医師会活動に取られるから、昼間の休み時間を利用してやった。事務局に職員がいたのだが、データの整理は医師でないとできないから、私が自分一人でやるほかなかった。過労で病気になったこともある。それでも、布団の中でまとめて、ようやく期限に間に合わせた。

近藤正夫会長（右）と

「医師会活動は、もう、これで終わりにしよう」あまりの辛さに毎年のように思った。

ところが、ある日、二級に認定した私の患者さんが急死した。

昼間、来院して、点滴を打って、そのときは元気でにこにこして、「バイバイ」といって帰っていった。ところが、夕方になって急変して、救急車で人工呼吸を受けながら救急医療機関に運ばれた直後、窒息して亡くなってしまったという。私は医師会の会議に出ていて、知らせを受けて直ちに駆け付けたが、すでに手遅れだった。

公害病に限らず、自分の患者さんを病気で奪われることほど、小児科医にとって辛いことはなかった。これからの人生なのである。なのに途上で命を断たれてしまう。親御さんの嘆きが医師の悲しみを倍にした。公害がいかに悲惨なものか、私はまたしても痛切に思い知らされた。

体を丸めるようにしてせき込んでいた幼い少女の姿が脳裏によみがえった。何とかならないのかといううもどかしさが胸にこみ上げた。

相手は公害病なのである。原因は工場の排煙である。それを取り除くために、私は医師会活動に身を投じたのではなかったか……。

私はむちで打たれた気持ちになって、公害調査を続ける決意をした。

公害病患者とたばこ

公害調査は時系列的に行うことに大きな意味があって、公害病の分布と実態が動態的に明らかになった。そのために補償法の指定地域外の市民からも感謝された。苦労した甲斐《かい》があったように思う。川崎市医師会の公害調査は現在も連綿として行われている。

公害問題は川崎市医師会を挙げての大がかりな取り組みになった。私は会長の指示で環境庁（当時）に行っては竹中課長に補償条件の改善をお願いした。

昭和五十年のある日、公害病の団体幹部七、八人が医師会に会談を申し入れてきた。磯野会長、亀田理事、石井理事、それに私が応対することになった。私は担当理事だから先に行って待ち受けた。医師会の建物の管理人のおばさんがテーブルに人数分のアルミの灰皿を並べ始めた。そこへ幹部が二、三人入って来て、いきなり怒鳴り散らした。

「おれたちを何だと思ってるんだ！」

何かと驚いて見守っていると、彼らは金属の灰皿を四方に投げとばした。灰皿は壁に当たって床に転がった。

「おれたちの苦しみが分かんねえのか」

言われてみれば一理ある。公害病患者に灰皿を出したのは確かにうかつだった。しかし、最初から高圧的に出られて、私はむっとした。

「今、片づけますよ。そんな乱暴なことしなさんな」

けんかするわけにいかないから、私は我慢して彼らをなだめた。

やがて、全員がそろって会談が始まった。補償額のアップと認定条件の緩和が会談の内容だったと思う。彼らは要求するだけである。こちらが応じれば、環境庁、川崎市を相手にこれまで以上に困難な交渉をしなければならない。駄目だといわれたら、彼らにつるし上げをくうだけである。結局、間に挟まって苦しむのは医師会なのだった。

しかも、医師会は最善を尽くしていた。無理な要求には応じられない。磯野会長も思ったことをはっきり言う人だったから、かなり激しい意見の応酬になった。

やがて、平行線のまま会議は終わって、彼らは集団でぞろぞろ外に出ていった。

私は何げなく窓を開けて路地を眺めた。医師会の建物と隣の労働基準局の間に細い道が通っていた。そこに灰皿を飛ばした連中が建物の壁に向かってしゃがみ込んでいた。彼らの間から煙が立ち昇っていた。

確かめるまでもなくたばこの煙だった。

私はびっくりした。

この人たちは、一体、どういう神経をしているんだろう。

しかし、私は父親に似て十代からたばこを吸い始めた愛煙家だったから、彼らの気持ちがよく理解できた。かくいう私も一刻も早くたばこを吸いたくて窓を開けたのである。

図らずも世の中の表裏をのぞいた思いだった。

たばこの灰皿に当たり散らして円盤みたいに飛ばし、「おれたちの苦しみが分からないのか」と怒鳴った本人たちが、壁に向かって一列にしゃがんで夢中になってたばこを吸う姿が、私の印象に強く残った。

公害病対策は着々と

少し横道にそれるが、たばこというと、決まって思い出すことがある。

大阪に大気汚染公害認定研究会があった。大阪市西淀川区の那須医師がつくった研究会で、昭和四十五年前後から活動していた。私たちはそこへもよく足を運んだ。京都大学の佐川教授もお見えになった。国会に「佐川鑑定書」を提出して四日市公害訴訟を勝訴に導いた疫学の権威者である。その人もひっきりなしにたばこを吸っていた。

北九州市から参加した公害病の某権威者もヘビースモーカーだった。

大気汚染公害を真剣に討論する議場がたばこの煙でかすんでいたのを覚えている。

医者の不養生の見本みたいなものだった。愛煙家の医師にはそれなりの言い分があるのだが、今日、たばこは目の敵だから、言わぬが花としておこう。

もちろん、当時から私はたばこを断っている。

以上は余談だが、昭和五十三年、川崎市川崎区日進町に川崎横浜公害センターが開設された。川崎市医師会の当時の磯野会長、横浜市医師会の榊田桂会長､両医師会の担当役員､学者がチームをつくって公害健康被害と認定するための検査、あるいは認定患者さんの経過を診るための検査を実施した。

呼吸機能の検査が主だった。最新の医療機械を設備して、検査を進める一方、患者さんの親を集めてぜんそく教室を定期的に開いた。ぜんそくとはこういうもので、発作が起きたときにはこういうことをしてあげましょう。私の話をお母さん方は真剣なまなざしで聞き入った。

発作が起きたときの背中のさすり方を真剣に練習する姿に、ぜんそくに苦しむわが子を思うお母さんの気持ち

昭和48年８月、大阪の認定会で（右端）

榊田桂元横浜市医師会会長（左端）と

がそのまま現れているようで、それが私の胸にひしひしと伝わってきた。

ただし、ぜんそくは大気汚染だけが原因ではないので、アレルギー相談室を併設して、定期的に質問や注文を受けた。検査センターのアレルギー相談は現在も続いていると思う。

こうして、公害病と闘う体制が着々と進んでいった。しかし、ぜんそくにはきれいな空気が何よりもの薬である。学校が夏休みに入ると、毎年、三浦半島の突端で催されるぜんそく児童のためのサマーキャンプに私は小児科医として参加した。

昼間は海で泳いで、さんさんと降り注ぐ陽《ひ》をいっぱいに浴びて、夜はキャンプファイアーを囲んで、子どもたちは実に楽しそうだった。

私は子どもが発作を起こしたときの保険みたいな存在だったから、多忙な生活から解放されて、彼らの笑顔を見ているだけで心が癒やされた。

「青い空」取り戻そう

川崎市医師会がしてきたことは、いわば対症療法である。それだけではいつまでたっても公害健康被害患者は減らなかっただろう。原因になっている石油コンビナートの排煙から亜硫酸ガスを除去し、あるいは排煙を少なくしなければならなかった。

前に書いたように、公害が問題になってからの川崎のイメージは極悪最悪で、准看護師試験に合格しても、地方から「川崎にはやらない」という声が聞こえてきた。川崎市医師会会員の看護師不足が最も深刻になったのも、このころだった。

「川崎に住むと肺が真っ黒になる」

「ぜんそくになる」

私の田中小児科医院は昭和四十一年ごろから山形県出身の准看護師志望の学生に住み込みで来てもらっていたのだが、とうとう理解を得るのが難しくなった。私は家内と一緒に

故伊藤三郎元川崎市長（右）と

山形県から宮城県へ回って看護師のタマゴをスカウトして歩いた。

　田舎の人は純朴だといわれるが、そうであってさえも、なかなか一筋縄ではいかなかった。

　「先手必勝だ。今、一人、紹介したばかりだ」

　学校関係者はそう説明したが、実際は紹介できるような生徒は最初からいなかったのだ。確かめてみたが、紹介した事実はなかった。川崎のイメージが地方の隅々にまでいかに悪く浸透していたか、身に染みて感じさせられた。それでも、私たちは手みやげを持って、校長さんに頭を下げて歩いた。

　あらゆる面で大気汚染の影響は深刻だった。公害の被害者は患者さんばかりでなく、治療する私たち医師も看護師不足から過労のピンチに直面したのだった。

　昭和四十六年に市の職員労働組合の委員長から市長選挙に立候補して当選した伊藤三郎さんが掲げた公約が、「青い空、白い雲」だった。それを取り戻そう—。他都市の市長選挙だったらちんぷんかんぷんだったかも知れないが、公害に苦しむ川崎市民にとっては実に鮮烈な公約スローガンだった。それこそ知らない人はないというほど市民の間に浸透した。

市民の切実な願いを担って初当選した伊藤三郎市長は、期待に違わず精力的に公約の実現に取り組んだ。

昭和四十七年、川崎市は市内四十七工場と大気汚染防止協定を締結。翌四十八年には市内六十七工場と「工場緑化協定」を結んだ。さらに、昭和五十二年、全国に先駆けて環境アセスメント条例を施行した。

大気汚染防止協定にしても、工場緑化協定にしても、一つの工場と交渉するだけでも大変な労力だったはずである。それを当選してから一年、二年というわずかな間に、四十七、六十七もの相手と交渉をまとめてしまったのだから、実に頭が下がる。

伊藤三郎市長が「公害市長」と呼ばれるゆえんである。

青い空、白い雲…。

公害健康被害患者はもちろん、市民は一日千秋の思いでそれをどんなに望んでいたことだろう。

公害病が止まった！

伊藤市政が取り組んだ公害対策はボクシングでいうボディーブローのように年を追って効果を発揮していった。

こうして行政と川崎市医師会がスクラムを組み、あらゆる手だてを講じていくうちに、石油化学コンビナートに脱硫装置の設置が進んで、公害患者の数が横ばいになった。

私たちが寸暇を惜しんで続けた公害調査が、昭和五十四年、ようやく「公害健康被害調査、この十年」という報告書にまとまったとき、私は食い入るように時系列のデータを見つめた。

公害病の増加が緩やかになっていた。

劇的なことだった。二階のベランダのベンチに腰かけて、空を見上げた。青く澄み切っていた。雲も白く陽に輝いて美しかった。何ともいえずうれしかったことを覚えている。

調査データは過去のものだから、「公害市長」の伊藤三郎さんは十年もかけないうちに、公約通り「青い空、白い雲」を川崎に取り戻したことになる。

偉い方だなあ。

私は心から敬服してやまなかった。

実は私が伊藤市長に面識を得たのは、昭和五十八年四月の統一地方選挙直後のことだった。川崎市医師会の事務局に当選の速報が入ったとき、磯野会長が私に言った。

「私が行かれないから、田中君、代わりに行ってよ」

磯野会長に頼まれて、私は当選祝の一升瓶をぶら下げて出た。

伊藤市長は三選を果たして東田町の選挙事務所にいた。ブレーンの中村貢吾さんと火鉢を挟んで昼飯を食べていた。私は中村貢吾さんとは以前から面識があった。中村貢吾さんのお孫さんの主治医だったのである。

「おめでとうございます」

私が二人に向かってお祝いを言うと、伊藤市長がにこにこしながら言葉を返した。

「貢吾さんのお孫さんの主治医ですか」

「そうです」

何で知っているのかと驚いて私が答えると、伊藤市長が急にいたずらっぽく笑って中村貢吾さんを指し、親しみのこもった憎まれ口をたたいた。

「こいつ、悪い奴だから、孫だっていいかげんに診ればいいいんだよ、先生」

「なにい！」

中村貢吾さんがわざとむきになって怒った。

三人で大声で笑い合った。伊藤市長の豪放で磊落《らいらく》な人柄にじかに触れたようで、私は心から打ち解けた気持ちになった。一人はかつての労働運動の闘士、もう一人は現役の猛者である。それが行政のトップとブレーンで工場相手にタッグマッチを挑んだのだ。

誰が市長になっても公害対策は避けられないのだから、いずれは患者の増加が横ばいになるのだろうが、この人だったからずっと早くそのときが来たというのが、当時の私の思いだった。そんな感謝の思いも加わって、楽しい当選祝いの席になった。

公害市長と防災訓練

公害対策から少し趣旨がはずれるが、伊藤三郎市長と中村貢吾さんについてもう少し語っておこう。

まず中村貢吾さんからいうと、この方は全川崎労働組合協議会の事務局長を経験した地方労働界の大御所で、恐ろしいほど弁の立つ人だった。中村貢吾さんとわれわれは随分やり合ったが、勝てなかった。労働用語でまくしたてられているうちに、わけが分からなくなって、気迫で押し切られ、降参させられてしまった。

中村貢吾さんが私の医院によくお孫さんたちを連れて見えた。お孫さんは開成中などのエリート校に進んだ秀才で、みんな恐ろしいくらい頭がよかった。

伊藤三郎市長は工科学校を出て、川崎市の職員組合出身の労働者政治家だった。赤ら顔でずんぐりした体格とよく冗談を飛ばす人柄で、みんなから親しまれた。

公害対策とともに災害対策にも熱心で、広域防災訓練に力を入れた。全国規模、関東地方、川崎市と分けて、関東大震災が起きた九月一日に大がかりな防災訓練をやるようになったのは、伊藤市長の代からである。

近隣の都市から救援物資を持って来る訓練、川崎市もほかがやられているときは送る、かなり見応えのある防災訓練だった。

私は理事のときから毎回参加した。

九月一日というと、毎年、暑い日が多くて、来賓の政治家、政府高官のあいさつが長いのにはいつも閉口させられた。じりじり照りつけられているうちに恨めしくなってきて、まわりから「早くやめてくれ」とささやく声が聞こえたりしたものだった。

川崎市に防災ヘリコプターが二機あった。防災服に身を固めた伊藤市長が防災ヘリで訓練会場に乗りつけた。すると、消防局の楽隊が一斉に行進曲を演奏した。

ヘリから降りた伊藤市長が整列した防災隊員に白手袋で敬礼する。実に勇壮でよかったのだが、私は持ち前の性格でなんとなく違和感を覚えた。

「作業服着て駆けずり回る災害のときに、吹奏楽なんか鳴らす余裕あるかよ」

聞こえるようにいったつもりはないのだが、私はその場で感じたまま思わず周囲に漏らした。

　そのときは、それだけのことで終わった。しかし、翌年から消防局の楽隊の演奏は行われなくなった。私が漏らした声が伊藤市長の耳に届いていたのだろう。腹を立てないで、すぐに改めるあたりは、さすが大物市長だと思った。

　伊藤市長は川崎市医師会の磯野会長とけんか仲間というか、非常に仲がよかった。よく私たちの前で、「東京大学はおっかないな」といった。磯野会長が東大医学部卒なのである。伊藤市長が退任後に亡くなられたために、そういう憎まれ口も聞かれなくなってしまった。

公害と闘って戦死

公害対策のことに戻るが、大気汚染で健康被害を受けた患者さんたちでつくる団体として「公害病友の会」があった。個人的に付き合ったわけではないが、幹部の人たちがよく私の家に訪ねて来た。そのときは元気だったのに、数日後には亡くなってしまった、ということが時たまあった。なんとも痛ましくて仕方がなかった。

ぜんそく、慢性気管支炎から肺気腫を起こして亡くなる患者さんが多かった。そういう患者さんほど、仲間のために最後まで頑張っていた。

最後まで闘い抜く。

そんな感じがしてある種の感銘を受けた。

太平洋戦争で南方戦線の日本軍の兵士は最後の一発まで撃ち尽くしてハチの巣のようになって戦死したと聞くが、私はその方たちを見ていてそれを連想した。友の会の幹部のみなさんは公害患者である。まさに公害と闘って戦死したみたいなものだった。

では、ぜんそくが快方に向かって喜ばれたかというと、必ずしもそうとばかりは限らなかった。ある日、私が市役所で担当の職員と話しているところへ、認定患者のお母さんから電話がかかってきた。

応対した職員が受話器を置くなり私に言った。

「田中先生、困りましたよ」

「何だよ」

私が聞くと職員が次のようなことを話した。

小学校六年生のときに被害等級が二級だった患者さんが中学三年で三級に回復した。三級になったばかりで、それを通知したから、母親から電話がかかったのだという。

「二級だから高校へやろうと思った。三級にされたら高校へやれない。元へ戻してください」

二級から三級に切り替わると補償金の額が下がってしまう。

病気が軽くなったのだから喜んでいるはずなのだが、親の気持ちとしては補償金はまた別の問題なのだろう。気持ちとしては分からなくない。しかし、行政としてはどうしようもない。

患者さんの団体が健康被害で市を告訴して勝訴し、補償金をもらうと近所の人がものすごくひがんだという。補償金の原資は市民の税金だから、同じ場所に住みながら不公平だということなのだろう。

いずれも、病気そっちのけの話である。

公害病をほったらかしにしたら、近所の人もひがむこともなく同情したのだろうが、どうしても補償金の問題のほうへ目が向いてしまう。これもまた、気持ちは分からなくはないのだが、公害が引き起こした一つの問題だと私は感じた。公害被害に近隣関係が加わっていたわけである。

認定患者をうらやましがる人がいると、私はおだやかに諭した。

「そんなこと言うなよ。病気の患者さんはつらいんだ」

私の脳裏には、「公害患者友の会」幹部の人たちの壮絶な戦死が強く印象に焼き付いていた。

排ガス公害が深刻に

昭和六十三年、時限立法だった公害健康被害補償法が廃止され、救済措置も打ち切られた。しかし、川崎市の公害補償は伊藤市長の英断で単独で実施された。

公害病の原因は硫黄酸化物（SO_x）だけではなかったのである。石油の中には窒素酸化物（NO_x）が含まれている。石油化学プラントの脱硫装置が働いてSO_xはかなり除去されたが、新たに大気汚染の主役にディーゼル車が排出するNO_xが、たとえ微量でも一酸化炭素（CO）、炭化水素（HC）などと複合汚染を引き起こしている—と、川崎市医師会の河野和夫医師が主張した。

そうなると、今度は物流が相手になる。

モータリゼーションの進展で鉄道貨物輸送が衰えて、トラック輸送が盛んになっていた。本来、ディーゼル・エンジンはガソリン・エンジンよりもクリーンなのだといわれるが、日本の自動車メーカーはガソリン・エンジンにばかり目がいって欧米並みの機能まで追究しなかったということらしい。

一件落着、やれやれと思ったら、まだ終わりではなかった。

国産自動車業界は、戦前は「自動車は兵器にあらず」という軍事政府の方針でろくにつくらせてもらえなかった。私の父が往診用に英国の車モリスを乗り回していたように、乗用車といえば外車だった。終戦直後はGHQの方針で乗用車の生産が認められず、アメリカのフォードやクライスラーなどの輸入外車しかなかったと記憶している。

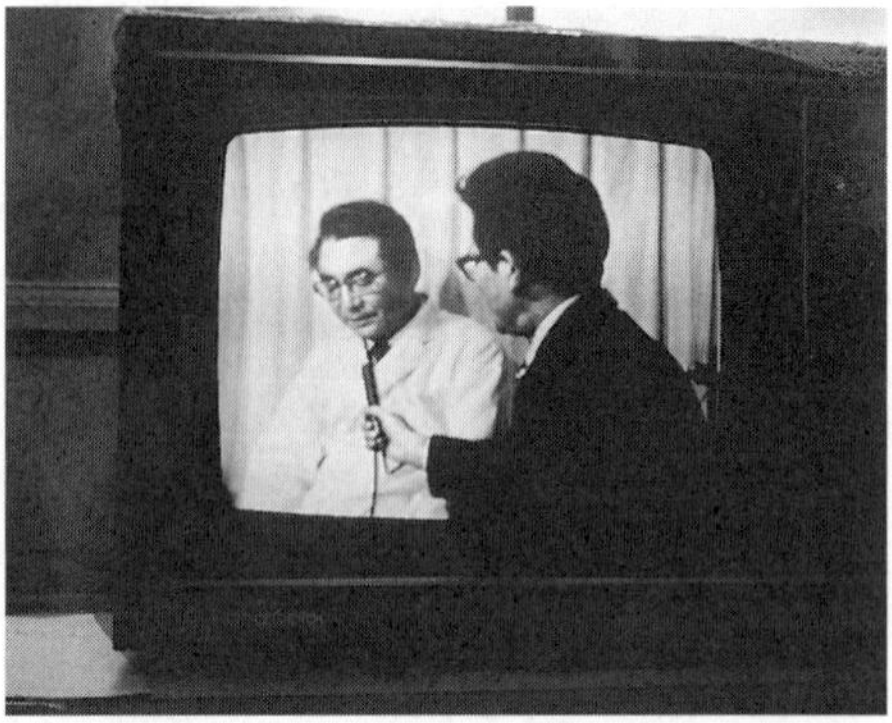
昭和50年頃、NHKで公害病について解説

昭和二十五年に勃発《ぼっぱつ》した朝鮮戦争でようやくGHQの方針が変わって、国産自動車がつくられるようになった。最初は故障しないで走る自動車にするのが精いっぱいで、そこへいきなりモータリゼーションの時代が到来した。販売競争に追われて性能がよくて価格の安い自動車をつくることが先行して、誰も排ガスのことにまで頭がまわらなかった。

ところが、石油化学コンビナートの排煙公害の陰で、排ガス公害は日増しに深刻になっていたのだった。SO_xによる公害という第一幕が終わったら、NO_xを主犯とする複合汚染がいきなり現れたということだろう。

自動車メーカーは驚いて排ガス規制にかじを切り始めた。

しかしながら、テクノロジーというものは一朝一夕に熟成するものではない。対策には数年という試行錯誤の時間が必要だった。

だが、排ガス公害は猶予してくれない。自動車メーカーが対策を講じ終わるのを手をこまねいて待っているわけにはいかなかった。川崎市医師会なりに対策を考えなければならなくなった。

私が川崎市医師会として行った公害調査データは、川崎市だけを対象にしたものだ。それだけでは大気汚染公害の実態が分からなかった。私はより広域の別の調査が必要だと気付いた。

始めたらやめない

私は県医師会に掛け合って、県内を対象にした広域調査をやってほしいと訴えた。五十嵐会長はそんな私の顔を見て、頭からはねつけた。

「県（医師会）じゃ公害はやらないぞ」

私はこの人に掛け合っても駄目だと判断して、清川会長の代まで待った。果たして清川会長は快く受け入れてくれた。私は県医師会の公害委員長に任命されて広域調査に着手した。名称は「神奈川県の広域的気管支ぜんそく調査」で、県が補助金を出してくれた。

調査手法は川崎、鶴見を高汚染地区、汚染されていない地区に津久井郡など県北地域、中間汚染地区として平塚市、藤沢市などを想定し、気管支ぜんそくの罹症《りしょう》率と照らし合わせるというものだった。

昭和五十七年に最初の報告書がまとまった。

予想した通りの当たり前の結果が出た。ぎょっとするようなデータはどこにも見当たらなかった。第二次以降の報告書も同じような結果だった。これといった驚くほどの結果が出なかったじゃないか、労力を費やしてやるほどの調査かと疑問を投げる向きもないではなかった。

どうやら、調査というものの本質を勘違いしているらしい。

調査というものは実態や傾向を知るために行うもので、そこにはいかなる作為も働いてはならない。

仮説を立てて、それを検証するやり方も、本来のものではないという。仮説が予断（バイアス）として働いて、見えることまで見えなくなってしまうからだそうだ。正確に事実を把握し、あるがまま素直に事実関係を読み取る。当然、善悪の物差し、正邪の基準にはなり得ない。あくまでも実態と傾向を告げるものでしかないという。

そこに意味がある。

従って、当たり前のことが当たり前のこととして確かめられる。これほど重大な意味はない。だから、県民はそれなりに無事でいられるのである。何も出ないということこそ、調査で確かめておきたいことなのである。

しかし、治にいて乱を忘れずという。時系列できちんと確かめておけば、どこかに異常が現れたとき、すぐに分かる。そんなことはあってほしくないというのが、調査を始めた私たちの願望である。

この調査もまた川崎市医師会の調査と同様、今もって続けている。始めたらやめない。私のこの信念は間違っていないと思う。

公害対策を振り返ってみるとき、私は特に目立つようなことをしたわけではなかった。持ち場にふさわしく、そのとき、そのとき、一生懸命に役割を全うしてきただけである。調査にしても五十嵐会長がやらないといえば、立場をわきまえて素直に引き下がった。しかし、あきらめなかった。時間をかければ機会が生まれると信じたからである。

人に対してだけでなく、物事に対しても、あるがまま素直に見て、正しいと判断したらいかなる圧力にも屈しなかった。自分の性格に対しても素直だったわけである。気付いてみたら、それが私の不変の物差しになっていた。

「十分、心得てます」

私は川崎市医師会の理事を四期八年、副会長を五期十年務めた。理事の時代は主な担当が公害対策だった。会長になったのは平成三年で、副会長が長かった。

私が会長になる三年ほど前、すなわち磯野会長の代で、昭和六十三年の秋ごろだったと思うが、全国政令都市医師会連絡会議が川崎市で行われた。当時は十二都市だった。会場難で苦労したが、結局、川崎駅前の日航ホテルに落ち着いた。

会議には懇親会が付き物である。懇親会を設定することも主催都市の義務みたいになっていて、中村八大とそのトリオをアトラクションとして企画していた。

ところが、昭和天皇の病状が重くなられた。

「騒ぐことはいけないんじゃないか」

自粛しようという声が理事から出た。

しかし、いまさら変更もできない。御崩御という差し迫った危険はなさそうで、実に微妙なタイミングだった。

会議の議事は滞りなく進んで、懇親会のアトラクションの開演が迫るまで、なかなか方針が決しなかった。

中村八大さんは出演間近まで控室でピアノを練習していた。

私は中村八大さんのところへ行って頼んだ。

「実は天皇陛下がご病気なので、一つ、静かな曲をお願いしますよ」

振り返ってみると、専門家に向かってよく言ったものだと思うのだが、中村八大さんは少しも嫌な顔をしないで、笑ってさらりと答えた。

「十分、心得ております。心配しなくていいですよ」

実際に演奏は静かな曲で進み、参会者は感動の余韻に存分に浸った。

全国の医師会には中村八大ファンが多くて、懇親会場はたちまちサイン会場に早変わりした。

それだけのことだったが、私は中村八大さんの「十分、心得ております」といった、さりげない対処に深い感銘を受けた。

中村八大さんに対して私たちは患者みたいな立場だった。いまさら演奏を中止にできないし、さりとて参会者の気持ちを考えるとにぎやかな演奏でも困る。演奏の処方せんを中村八大さんに委ねたかたちだった。中村八大さんのその言葉でひとまず安心し、終わってからまたほっとした。

ともすれば、医師は患者さんに対して、「患者が余計な口出しするな」などと、独善的に接しがちである。

昭和50年頃、川崎市医師会の懇親会で

治療するだけでなく患者さんの事情まで察して心のケアまで踏み込んで接することがいかに大切なことか、私たちは図らずも中村八大さんに再確認させられた。

明けて昭和六十四年早々、昭和天皇が崩御なされた。懇親会が中村八大さんの配慮なしに行われていたら、私たちは世間のひんしゅくを買っていたかもしれない。済んでしまったことだけに取り返しのつかないことだった。中村八大さんのおかげで、私たちは後味の悪い思いをしないで済んだのだった。

苦肉の両陣営支持

中村八大さんのことが強く印象に残った理由はほかにもあった。

昭和天皇崩御で昭和六十四年が平成元年になって間もない六月三日、中国で天安門事件が突発した。胡耀邦共産党前総書記が四月に死去、追悼行進に加わった学生が民主化要求運動を起こし、政府が戒厳令を敷いて六月を迎えた。そして、政府の戒厳部隊がデモ行進する市民に発砲、それが起爆剤になって一気に天安門事件に発展した。

間もなく、時の趙紫陽総書記が失脚し、新たに江沢民政権が誕生した。これまでの中国では大衆の民主化運動など考えられないことだった。意外というほかない展開に世界は度肝を抜かれた。

やがて、十一月を迎えると、戦後ドイツを東西に分断、首都ベルリンを二つに隔て、幾多の悲劇を生み出してきた「ベルリンの壁」が寝耳に水という感じで崩壊した。東西冷戦下でにらみ合っていた西側は歓呼し、東側は衝撃を受けた。

翻って川崎市に目を向けると、公害市長といわれた伊藤三郎市長が病死した。私にとってはこちらのほうが差し迫った大事件だった。

公害対策は多分に政治的な要素を伴っていた。新任の市長が公害問題は決着したと判断を下そうものなら、補償は打ち切られてしまう。どうなることかと成り行きを見守っていると、後継市長選に助役だった高橋清さんが立候補し、極めて有力な対立候補が名乗りを挙げた。

川崎市公害認定会の会場で（中央）

形勢は互角というのがマスコミの観測だった。

どちらの陣営を支持すべきか。

川崎市医師会は磯野会長を中心に協議を重ねたが、なかなか結論が出なかった。革新系も保守系も関係なかった。一方を支持して対立候補が当選する事態になれば、公害対策の存続が難しくなるかもしれない。川崎市医師会が患者さんの団体から指弾されるのは必至だった。それ以外の弊害も考慮して、私たちは容易に決断が下せなくなってしまった。

結局、磯野会長が県医師会の清川会長に相談されて、双方の候補から公害病補償は堅持するという約束を取りつけて、両陣営を支持するという苦肉の策に出た。

こうして川崎市医師会を巻き込んで激しい選挙戦が繰り広げられ、わずかな差で高橋清市長が誕生した。

程なくして、川崎市医師会は当選祝いの講演会を催した。高橋新市長は壇上に立つや否や、開口一番、私たちを前にして言った。

「両方支持していただいて、ありがとうございました」

痛烈な一撃だった。

これだから政治は難しい。

中村八大さんの一件はこうした激動の前段のことだけに、私の印象にことさらに強く焼き付いている。

初あいさつが自信に

選挙というものは人間関係がどろどろとして本来は私の性に合わない。しかし、地域の医師会会長の仕事の一つになることが多い。政治の補助で医療が成り立つ構造になっている限り、政治の理解を得ないと、医療予算が削られたりして、しわ寄せが患者さんにいってしまう。

高橋清市長を後援する選挙の確認団体の責任者になったのは、私が磯野会長の後を受けて川崎市医師会の会長に就任した平成三年のことである。二度目の選挙からは高橋市長に支持を一本化した。

平成三年の当時、世界は動乱の時だった。湾岸戦争が突発し、年末にはソ連崩壊という世界を震撼《しんかん》させる事件が起きた。前年にはベルリンの壁が取り払われていた。川崎市医師会から県の医師会に派遣していたN副会長が亡くなって、川崎の会長の私が県の副会長を兼務させられ、個人的にも大変なときだった。

しかし、選挙に関係したおかげで市役所の幹部、後援会の会員、市や企業の労働組合の人たちなどなど、これまでになく人脈が広がった。医師会以外の人々とお付き合いを持ったことが、私の視野を随分と広げてくれて、人間形成に少なからず影響を与えた。

平成四年、いよいよ選挙となって、私が後援会の会長として初めてあいさつすることになった。場所は川崎市産業文化会館だった。実に大きな会場で、三千人くらいは入っていたと思う。

組合の人が私に近づいていった。

「田中さん、初めてでしょう。私たちあいさつ原稿書いてきたから、渡しておきますよ」

「そりゃあ、助かる」

私は感謝して幕のうしろで原稿に目を通し始めた。あと十分というときだったから、一生懸命になって暗記しようとしたが、何も頭に入らない。こうなったら、もう、出たとこ勝負だ、と私は腹をくくった。

やがて、紹介されて私は壇上に出た。会場の人が砂粒みたいに見えた。後がないという気持ちで開き直って、私は自分が思った通りのことを話した。あいさつを終わって大勢の人の中に戻ると、川崎市水道局労組の加藤壱将さんが駆けつけた。

「田中さんね。今のあいさつ、よかったですよ」

「不勉強でね」

けなされると思っていたので、私はほっとして応じた。

「いや、そんなことありません」

加藤さんがきっぱりと否定して続けた。

「これから大勢の前でしゃべるときは、自分が思った通りのことを、自分の言葉でしゃべることです」

この言葉は一生忘れない。

あいさつの仕方など医師会の人は誰も私に教えてくれなかった。

それまでも、あるがまま自己流で押し通すことが多く、これでよいのかと始終不安だったので、裏付けが得られて私は心強かった。以来、私は大勢の前でも思うことを自信を持って言えるようになった。

加藤壱将さんは私の恩師の一人である。

捨てるなら全部くれ

少しお堅い話が続いたので、このへんで「閑話休題」としよう。

天安門事件が起きる前の年に、川崎市医学交流団が訪中することになった。団長は市の衛生局長で、副団長を私が仰せつかった。

日程は八日間、訪問する都市は川崎市と姉妹提携する瀋陽市のほか、大連、北京、上海の各都市だった。

まず大連市から訪問した。町中に人が多いのに驚かされた。次に主訪問地である瀋陽市に着いたとき、いきなり、「団長と副団長に話がある」と言われた。何事かと思って私と井沢局長が赴くと、市当局の幹部が顔をそろえて待ち受けていた。

「日本は医療機械を二、三年使うと捨ててしまうそうだな」

「そんなことはないよ」

私たちはびっくりしておうむ返しに否定した。

「そう聞いているから、間違いない」

「何ですか。それが、どうかしましたか」

議論しては話が進まないから、私は先を促した。

「どうせ捨てるなら、全部、中国にくれ」

私はあっけに取られて、隣を見た。井沢局長が目を白黒させていた。

本当にあった話だ。

笑って済ませそうもないと判断して、私はとっさに言った。

「捨てるからには、壊れたのもあるよ」

「壊れていても構わない。中国は壊れた機械を直す技術では、世界で一番だ。われわれの修理能力を知らないのか」

とんだやぶ蛇である。

そんなの知っちゃいないと思ったが、口には出さなかった。

「日本へ帰ったら市長と相談する」

中国潘陽市を訪問した当時（右から２人目）

井沢局長がすかさず答えた。それを市当局はどう受けとめたかは分からないが、ともあれ、一件落着した。井沢先生はさすがに場をうまく収めると私は感心した。

次に北京市にまわったとき、私のところへ女性の医師がふいに駆け込んできた。

「日本へ呼んでくれ」

政府に渡航を申請しても許可されないから、副団長の私に「個人的に招請しろ」という。いわゆる直訴である。

「日本に来て、どうするんですか」

「保健所に医師として勤務して、勉強したい」

日本の感覚で引き受けたら、中国では大騒ぎになってしまうだろう。個人的に招請して何の関係もないで通る国ではなかった。ましてや、川崎市と瀋陽市は姉妹都市として友好を結んでいた。個人的で済むことでもなかった。迷惑は両市にまで及んでしまう。

「個人的な関係だなんて言ったら怒られちゃうし、疑われちゃう。駄目ですよ」

「そんなことはない」

向こうは必死だからそういうが、私個人の立場では応じられないことだった。日本という国が彼女にはそれほど魅力的に見えていたようだ。

高価な冷えたビール

女性医師の駆け込み直訴を受けて、共産主義国というのはこんなにも不自由なのかと私は身につまされた。私は半世紀もの昔になった戦時中の日本を思い出した。貧しくて自由がなく、権力ばかり強くて、思えば嫌なことしかなかった。それが、終戦後もしばらく持ち越された。

翌年、天安門事件が起きたとき、だから、人ごとには思えなかった。どういう国がよいか、改めて私に問い直すきっかけを与えてくれた。

閑話休題だから、難しい議論はさて置くとして、しかしながら、のみ道楽、食い道楽の私には楽しい訪中だった。

また大連に後戻りするが、到着したとき、私はのどがからからに渇いた。宿舎にしたのが日本から進出していた第一ホテルだった。完成したばかりで、働いているのは中国人ば

北京市の天安門前で（右から２人目）

かりだった。

私たちは中国人のボーイをつかまえて「飲み物、何かある」と尋ねた。

「ビーチューあるよ」

中国人はビールのことを「ビーチュー」というのだが、知らないまま出してもらった。出されたのがビールで、現物を見て初めて分かった。ところが、半分お湯みたいに生温かくてまったく別の味がした。

私はビールといえば冷えたものだとばかり思っていたから、「こんなの飲めたもんじゃない」とみんなでわいわい文句をいって、大陸生まれで北京語ができる井沢団長に通訳してもらった。

「冷えたビールはあるかい」

「お金がかかる」

「幾らだ」

中国語の分からない私たちは何を言っているか分からないまま、井沢団長がボーイさん相手に苦労して掛け合うのを眺めていた。

井沢団長が私たちに相談を持ち掛けてきた。

「冷蔵庫に入っているビールはえらく高い。みんな、どうする」

目が飛び出るような値段を聞いて、中国では光熱費がこんなにも高いのかと驚きながら断念し、私たちは仕方なくホットビールでのどの渇きを癒やした。

瀋陽でも二つ、三つ驚いたことがあった。

料理にカエルがよく出た。最初はカエルだと気が付かなかった。鳥の足みたいで、淡泊な味がして、なかなかおいしかった。

「随分、豪勢じゃないか」

何度も食べているうちにカエルの足だと分かってきた。

「カエルの足にしては大きすぎるぞ」

疑問を解決するために、ちなみに本体を見せてもらうと、化け物みたいにひと抱えもあるほど大きい。

「さすが中国だ」

私たちは妙なところで感心させられた。

国際交流を問い直す

当時、中国で薬膳《やくぜん》料理がはやっていた。

中国の市役所は「ガバメント」と呼ばれていて、瀋陽市のお役人がガバメント直轄で経営する薬膳料理屋にマイクロバスで私たちを案内してくれた。

メーンディッシュが出た。

スッポンだった。海亀みたいに大きくて、それが腹を上向きにして丸ごと大スープ皿に載ってテーブルに出されてきた。もちろん、ゆでてあるのだが、露出した部分を先のとがったスプーンで食べるのだという。

「好きなところ、突っついて食べろ」

あれには参った。

好きな人は手足のところをむしゃむしゃ食べたが、ほかの者はみんなしり込みして、誰

潘陽市にて（左端）

も手を出さなかった。

「京都のわらじ屋のスッポンなら、おいしいけどなあ…」

私がひそかにへきえきしていると、ガバメントのお役人が得意げに言った。

「京都にもガバメントが店を出す予定があるので、そのときはよろしく」

私たちは返事のしようがなかった。

圧巻は井沢団長が強硬に交渉して案内してもらった「老爺餃子」の店だった。発音は「らおべんじゃうず」である。すべて蒸しギョーザと水ギョーザで、焼いたものはなかった。これは実においしかった。

中国人から見た場合、私たちは行く先々で豪華な食事をした。そのたびに兌換《だかん》券を用いた。中国にとっては、いわゆる外貨である。だから、人民元の一階のフロアと兌換券の二階に分かれていた。一階は上と比べてみすぼらしい。

ある日、私たちは日本から来た訪中友好交流使節団と鉢会わせた。老齢の人が何人もの日本人の子どもをずらりとテーブルに並べて、豪勢な食事をしていた。

こんなことをさせていて、いいのかな…。

どっちが戦勝国かと錯覚してしまうような光景である。

聖マリアンナ医大の藤井教授も私と同じように疑問を感じたのだろう、「こりゃ、間違ってるな」とつぶやいて、老人に声をかけた。

「戦争に負けたのはこっちだし、子どものうちから中国人が食べられないようなごちそうを食べさせていいんですか」

引率の老人が腹を立てて、けんか寸前までいったことがあった。

瀋陽から北京までは鉄道を利用した。時間がきて、私たちは食堂車に案内された。日本人しかいなかったので、私たちはすっかりくつろいで、それぞれ好きなものを頼んでのんびり食事をした。私がふと突き当たりの窓に目を遣ると、中国人がガラスに顔を押しつけてこっちを見ていた。

早く空かないか。

そういう顔だった。気付いたのは私だけだった。

「ちょっと、見てご覧なさいよ。ぼくらが食事を済ませるのを待ってますよ。無駄話はやめて早く行きましょうや」

「そうだな」

私たちが立ち上がった瞬間、彼らがなだれ込んで来た。

友好交流をうたっていたとしても、ただ行けばよいというものでもない。戦後の中国人と日本人のありようを深く考え直させられた訪中旅行でもあった。

予期しなかった誤解

北京市の助役らしい年配の女性がホストになって、私たちを本場の北京ダックの店に案内した。助役と思しき女性は実に尊大で、恐ろしく威張っていた。恐らく反日感情もあったのだと思う。不愉快なこともあって、北京ダックを食べても、私はそれほどうまいとは思わなかった。

次の日のことだったと思う。北京の赤十字病院の院長とか、衛生局の幹部とか、そういう人たちが私たちを主にもてなしてくれた。双方のやりとりには当然通訳が付いた。そこで、私の知らない「うずら」のピータンが供された。

「これ、どうやって、つくるんですか」

ピータンのことなど院長や衛生局の人にわざわざ聞くことではないと思って、私は通訳本人に気軽に尋ねた。

潘陽市の要人と

ところが、通訳は私の質問に答えないで、そのまま院長に伝えてしまった。途端に院長が激怒して、中国語でわめき散らし始めた。

ピータンのつくり方を聞いたのに、何でこんなに怒るんだろうなあ。

あっけに取られながら、何か誤解があるなとっさに感じ取って、私は通訳にただした。

「あんた、何て言ったんだ」

「あなたがいった通りに伝えた」

「そうじゃない。あれはあんたに質問したんだよ」

「あ、そうですか」

今ごろ気付いて、通訳が院長に語りかけた。そして、通訳が言うことを聞くうちに、院長が笑い出した。

「いや、済まなかった。どうして怒ったか、申し訳ないから、理由を言う」

院長が真顔に返って語り出した。

紅衛兵事件が起きたとき、北京の赤十字病院の院長以下、首脳部は手を縄でつながれたまま町中を曳《ひ》きまわされてから、人民広場に座らされ、一人一人、尋問を受けた。紅衛兵は嫌がらせの質問をして、相手が答えられないと待ってましたとばかりにひどく殴りつけたという。

医学のことを聞いても紅衛兵は知識がなくて分からないから、わざと関係のないことを聞く。院長の番になって、紅衛兵の一人が質問した。

「ピータンのつくり方を言え」

院長は答えられなかったのだという。

私たちが院長の昔の嫌な思い出を知っていて、わざと質問したと誤解したらしい。こんなことがあるのかなと私はあぜんとした。

結局、笑って別れたのだが、私は言葉が通じない相手と付き合うことの恐ろしさを痛いほど教えられた。

中国人の反日感情の背景には、戦勝国でありながら敗戦国の日本より貧しかったという現実が原因の一つとしてあるのではないかと思う。侵略がどうのということも原因の一つだろうが、むしろ、前者のほうが影響大ではないだろうか。

どこかの友好交流訪中団のように、子どもまで一流のレストランに引き連れて、豪勢な食事をこれ見よがしにする。過去に対する反日感情に加えて、現状への反感が積み重なる。訪中団は留意しなければならないと私は思った。

食に文化の違い実感

白酒と書いて中国では「べいじゅう」という。あれはうまかった。私のようなのんべえには、こたえられない味の深さがあった。

中国人は飲むときに必ず「かんべい」（乾杯）と唱和する。飲むたびに「かんべい」とやっているうちに、私はのどがちりちりしてきた。五〇度を超す強い酒だから、のどが焼けたのである。

「こりゃあ、食道がんになるな」

そう思いながらも、食道のチリチリ感がたまらない。

中国人はどうするかと思ってそれとなく観察すると、白酒をあおるたびにビーチュー（ビール）を飲む。それで食道や胃の粘膜への刺激を軽くしているのだ。私はなるほどと感心して、あとになってまねをした。

そのビーチューがまた中国のお国自慢で、青島のビーチューが中国では一番で、北京のものが二番目にうまいという。彼らが調子づいて言った。

「中国のビーチューは世界で二番目にうまい」

「一番目はどこだ」

私が冗談めかして質問すると、彼らは黙ってしまった。

中国で八日間過ごすうちに、ホームシックではないのだが、とうとう友人の医師がこんなことを言い出した。

「早く帰って、日本のものが食いたい」

誰しもが同じ思いだったと思う。

ようやく最後の訪問都市上海に着いて、私はほっとした。上海はこれまでのどの都市よりも開放的だった。そして、みんなが期せずして、「ラーメンが食べたい」といった。もちろん、日本式のラーメンである。

ところが、通訳に頼んで取り寄せたラーメンは似て非なるものだった。めんが白い脂でぬたぬたして、余計、嫌になってしまった。

私たちは訪中を終えて帰国した途端、連日冷夏の日本に迎えられた。とにかく、たくあんだ、みそ汁だと日本食が恋しさに、それっとばかりにわが家に飛んで帰った。

後日、私が土産に持ち帰った白酒を医師会の仲間に振る舞うと、「こりゃ、うまい酒だ」と喜んで、あっという間に瓶が空になった。

ラーメンは極端な例なのだろうが、食べ物ほど民族の文化の違いを如実に表すものはないと思った。そして、民族の食べ物ほどし好の差をストレートに反映するものもないと感じた。ラーメンのように口に合わないものもあれば、白酒のように民族の違いを超えて好まれるものもある。つまり、受け入れられる文化となじめない文化がある。

グローバリゼーションといわれて、いかにも民族性が時代遅れのように論評する知識人がいるようだが、「お国自慢」のビーチューみたいなもので、コスト感覚しか念頭にない人の意見だという気がする。

第三章　医者の不養生

食糧もない救援活動

平成七年の一月に阪神大震災が起きた。

未明のことで、私はまだ寝床の中にいた。そのとき、起きて机に向かっていた知人の話では、静かにゆっくりと揺れるのを感じて、一瞬、めまいと勘違いして脳こうそくの発作ではないかと不安が頭をよぎった。しばらく置いて自分が正常だということを確かめてから、ようやく地震だと気付いた。揺れ方から相当遠くの地震、それもかなり大変な地震だと判断して、テレビのスイッチを入れたのだという。

一チャンネルが真っ暗な芦屋市の住宅地を放映し、アナウンサーが興奮気味に叫んでいた。

「真っ暗で何も見えません。いずれにしても、大きな被害が出ているもようです」

初っぱなはそんなことだったらしい。

現地の情報は最初はどこの被害が大きかったのか、それが分からないくらい混乱したらしい。私が連絡を受けてテレビを見たときは、神戸市街のあちこちから火の手が上がっていた。阪神高速道路が無残に崩壊し、アメのようによじれていた。バスが崩壊した高速道路の先端に、墜落寸前の状態で引っかかるように停止していた。

どこにテレビカメラを派遣したらよいか、ようやく判断できるようになっていたのだろう。ああ、大変だと驚いて、私はすぐに川崎市医師会の事務局に会としてできることを相談した。

高橋清市長は迅速に救援体制を整え、医師会と協議し、救援隊を送り出した。亡くなった伊藤三郎市長が力を入れた災害対策が、ここで役に立ったのである。

二月初めになって、私は川崎市衛生局の斎藤局長と現地へ見舞いに行った。アクセスが難しくて、まず岡山まで新幹線を使い、在来線で赤穂駅までどうにかたどり着いた。赤穂からは川崎市が陸揚げしてくれた軽自動車でがれきの間を縫って被災地に入って罹災《りさい》者を見舞い、救援隊のテントを訪問した。

岡山で何の気なしに買った名物の「きびだんご」を、そのとき、私は持参していた。買ったのはたまたま一番大きな箱詰めだった。中央区から長田区、灘区とまわって、川崎市の医療チームを訪れたのである。

みんなやせこけて疲れ切った表情をしていた。

食糧の配給が途切れがちで、医療チームにまで回ってこないのだという。現地の惨状はそれほどものすごかった。私は彼らが気の毒でならなかった。もっと気の利いた食べ物を買ってくるのだったと後悔しながら、私は恐る恐る自分たちで食べるつもりで買った箱詰めのきびだんごを差し出した。

「よろしかったら、これ、召し上がりますか」

「いやあ、うれしい」

彼らは喜んでその場できびだんごをみんなで分けてむさぼるように食べ出した。

医療チームのメンバーは、食うものもなく懸命に救援活動に打ち込んでいるのだと痛切に思い知らされて、私は思わず頭が下がった。

忘れられない「龍力」

帰りは在来線で赤穂まで来たのだが、自分たちが食べるつもりだったきびだんごをあげてしまったので、何も食べていなかった。

「ここで降りて、何か食べてから、岡山へは新幹線で行きましょう」

空腹が我慢できなくなって、赤穂駅でとうとう下車してしまった。

駅前に出てまわりを見まわすと、すぐ近くにおあつらえ向きに食堂の看板が目に留まった。

食堂は弁当も作っているらしく、折り詰めが四つあった。私たちも斎藤局長と随行の若い二人の職員、合わせて四人である。

「ぴったり数が合ってる。食べてよいという何かの暗示かな」

私たちは勝手なことをいって中へ入って、おっかなそうな顔をしたおばさんに、実は川崎から来てかくかくしかじかと訳を話して頼んだ。

「あの折り詰め、もし、よろしかったら、分けていただけませんか」

「何言ってんだよ。変なこと言うんじゃないよ。折りは食べるためにあるんだよ。ひとり一つずつでちょうどいいじゃないか」

神戸にいたとき食べ物があんまり手に入らないので、私なんかが簡単に食べてはいけないという感覚になっていた。それほど神戸の食べ物不足は深刻だった。

おばさんとやりとりするうちに打ち解けて、ふと棚を見ると「龍力」という酒の一升瓶が目に留まった。斎藤局長も私ものんべえだから、やっとひと仕事終えたという気持ちになって、おばさんにいった。

「おばさん、勝手なことといって悪いけど、龍力飲ましてもらえるかね」

「ああ、いいよ、いいよ。これ、すごくいい酒なんだよ」

私は喜んで何も知らずに注文した。

「じゃあ、熱かんにしてくれるかい」

「バカなこと言うんじゃないよ！」

たちまち、おばさんに大声で怒鳴られてしまった。

「龍力をおかんするバカがあるかね。龍力はひやで飲むもんだよ」

おばさんがそうたしなめて、私たち四人のコップにじかにひやで注いでくれた。

いやあ、そのときのうまかったこと……。

今でも忘れない。

川崎へ帰ると、夕方だった。衛生局の職員が百人くらい総出で、私たちを迎えてくれた。それから、セメント通りで一番大きな焼き肉屋に案内してくれたので、また一杯やりながら医療チームの苦労話を報告した。

それから間もない三月、県医師会の大塚副会長が亡くなってしまったため、私は平成七年三月三十一日限りで川崎市医師会長を辞めて、県の副会長専任になった。

平成七年はあまりいいことがなかった。オウム真理教事件など大事件ばかり続いて、大塚副会長の死去まで重なった。専任にならなければ、身が持たなかったと思う。

平成九年、私は県医師会の会長になった。

選挙で連日行動共に

伊藤三郎市長について述べたので、高橋清市長のことにも触れておきたい。私が川崎市医師会会長になったときが、高橋市長の一期目だった。だから、自動的に後援会長になった。したがって、私にとっては高橋市長のほうが、現実のお付き合いは長かったし、深くもなった。

高橋清市長は古市場小学校の教頭から市役所に移って、伊藤三郎市政時の助役から選挙に出て、市長になった人である。二期目、三期目の選挙で、私は高橋市長と連日のように行動を共にした。

高橋清市長は極めて頭脳明晰だった。御子息も優秀で長男は東大法学部の教授、二男が三菱グループの主任研究員になっておられたと聞く。優れているだけだったら、何の面白みもないわけだが、市長は宮城県出身で言葉になまりが強かった。失礼ながら「ズーズー弁」である。聞き慣れない人は何を言っているのか分からないのではないか、と傍が心配するほどではなかった。しかし、私たちでさえ、よく注意しないと聞き違えてしまうこともあった。それがちょっとした「えくぼ」になって、高橋市長の人となりに絶妙のアクセントをつけていた。

かつて川崎市が出資する川崎球場を大洋ホエールズが本拠地にした。万年テールエンドと呼ばれていて、プロ野球界のお荷物的な存在でこそあったが、熱心なファンが少なくなかった。

しかし、巨人戦にならないと席が埋まらなかったし、万年最下位時代は七回を終わると外野席を無料開放したほどだった。

高橋市長のときに、大洋ホエールズが横浜市にフランチャイズを移してしまった。議会で議決して球場のベンチを直したり、改修工事を加えるなど全市を挙げて運動し、数百万の署名まで集めたが、引き留められなかった。代わってパ・リーグのロッテ・オリオンズが川崎球場をフランチャイズにした。やがて、ロッテも千葉に去った。

ロッテは千葉でも始めは下位に低迷した。

「市長さん、ロッテは千葉へ行っても、あまり勝てませんね」

私が言うと、高橋市長が答えた。

「あれは、ブル・ロッテですよ」

ブルドックみたいに強いと褒めているのかと思ったが、ブルと聞こえても、ブルドックの意味ではなく、「ビリ」の意味だった。

等々力のサッカー場をさんざん整備させておいて、後ろ足で砂をかけるようにして東京に去ったかつての川崎ヴェルディも、高橋市長は「ブルディ」と発音した。とにかく、面白い人だった。

口に出して非難すると大人げないと考えて、決して多くは語らなかったが、本拠地を整備させておいて去るというやり方に、恐らく高橋市長の腸は煮えくり返っていたのだと思う。

川崎市は魚のような形をして、横に細長く、東京都と横浜市に挟まれている。公害被害が一段落して、青い空と白い雲が戻っても、一度、悪く取られたイメージは容易にぬぐわれなかった。

あんまり言うと高橋前市長に怒られるので、これくらいにしておこう。

隠れて泣く園長の姿

私は市立古川保育園の嘱託医を昭和四十三年から今日まで務めている。そこでも忘れられないことがあった。

嘱託医になって間もなく、古川保育園で赤痢が集団発生した。

「すぐに隔離しなさい。親の検便もします」

たまたま私の医院に通院していた子どもがいたため、すぐに赤痢と気付いて保育園と保健所に通知した。

問診の結果、親子で郷里に帰省していたとき、そこで菌をもらったことも分かった。

ところが、親が頑固な人で、「うちの子が最初なんて、とんでもない」。激高して認めなかった。

その後、保健所が迅速に検査と消毒を実施したにもかかわらず、赤痢患者の数は増え続けて、最終的に四十人を超えてしまった。

私は毎日のように保育園に通って検査と治療に追われた。赤痢騒動が完全に終結をみるまで一カ月かかったと思う。その間、私以上に辛い毎日を送ったのが、当時、園長だった勝山さんだった。

勝山さんは私と同年配で、無口でおとなしい感じだったが、責任感が強くて、なかなかしんのある人だった。愚痴一ついわない。子どもの面倒はよく見るし、親にはこまめに連絡を取る。的確にてきぱきと行動した。あたかも赤痢と闘うような対処の仕方に、その人となりがよく表れていた。

ようやく赤痢菌が検出されなくなった。

「これで、一週間、菌が出なければ、まず大丈夫だろう」

私は事実上の終結宣言を出した。

よかった、よかったと安堵《あんど》して、勝山園長のこれまでの苦労を慰問しようと思い立って、夕方、私は保育園に行った。田中小児科医院から歩いて五、六分の場所である。

職員が帰って誰もいないのに、門が開いていて、戸が開け放たれていた。ああ、勝山園長が一人残っているんだなと思いながら、私は建物の中へ入った。

ところが、勝山園長の姿が見えない。

しかし、なんとなくどこかに人のいる気配がしていた。

職員室を注意してのぞくと、勝山園長が机の陰でうずくまって、泣いていた。

あれほど気丈に振る舞ってきた人が…。

私はびっくりして衝撃を受けた。

ほっとして気が緩んで嬉し泣きしていたのか、親から一方的にたたかれ続けてそのときになって悔しさがこみ上げたのか、勝山園長の思いは今でも私には分からない。ただし、勝山園長が泣ける場所はそこしかなかったろうし、今しかないと分かった。独りにして差し上げるのが何よりもの慰問だと私は考えて、声もかけずに黙って引き返した。

勝山園長も私に何かを気付かせてくれた恩人の一人である。

家内をひそかに尊敬

私の人間形成の恩人というと、「我以外すべて師」で、それこそ限りなくなってしまうのだが、人生の恩人というと家内の静子であろうか。偉そうに「わが人生」をつづってきたが、率直に白状すれば、家内が陰で小児科医としての私を支えてくれたおかげである。

静子は横浜市鶴見区矢向の生まれで、私の妹と学芸大学の短期学部時代の同級生である。卒業してから矢向小学校に奉職した。

家内の静子は今でこそ肉づきがよいが、若いときはやせ細っていた。

私が静子と結婚することになったとき、親せきがあまりいなかったから、大師の参道の老舗「松慶」の石川トミ大伯母に引き合わせた。

「この人と結婚しようと思ってるんだけど、よろしく」

「いい人そうだねえ」

昭和42、3年頃、妻の静子と

石川トミ大伯母はそう言っておきながら、店の外に出た私をすぐに追いかけてきて、そっと声を掛けた。

「あんな細い人で大丈夫かい」

娘時代の静子はそれぐらいやせていた。

妹がわが家に連れて来て、私と知り合った。やがて、私と結婚するときは六年生を受け持っていた。

当時、私は慈恵医科大学で無給副手だった。暮らしは楽ではなかったが、静子は退職して家庭に入ることになった。昭和三十五年だったと思う。いよいよ辞める段になって県庁まで退職金を受け取りに行くことになった。途中で盗《と》られたら元も子もないという理由で、私は静子の護衛役を引き受けて一緒に付いて行った。

ガードマン付きで行って彼女が受け取った退職金は十万円だった。貧乏時代には大金である。

「ガードマンまで務めたんだから、お駄賃代わりに何か買ってくれるか」

「いいわよ」

静子は気前よく応じてくれた。

二人で桜木町から電車で大井町へ行って、阪急デパートでブラック・ニッカを買ってもらって、大事に抱えて家に帰った。ブラック・ニッカは当時千五百円、私にはとびきり上等な酒だった。今のラベルと違う。それこそキング・オブ・キングス以上で、素晴らしくおいしかった。

男子たるもの厨房《ちゅうぼう》に入るべからずと教育を受けたが、私はよく台所で料理する。家内の負担を軽くしようという殊勝なことではなくて、少し格好をつければ精神統一のためである。

それについては、機会があればもう少し先にいって述べるが、私が家内をひそかに尊敬するのは動物を大事にするということである。それも単なる動物好きの域をはるかに超えていた。

動物をかわいがるということは、当然、人間の子どもにも通じるわけで、案外、そんなところが小児科医として妻に選ぶ決め手だったのかもしれない。

家を歩けばそこに猫

家内の静子は子どものときから猫なしの生活が記憶にないというくらい好きだった。戦時中、静子は宮城県に学童疎開したときでさえ、一緒に猫を連れて行った。ところが、行動範囲の狭い都会と違って、疎開先は自然に恵まれて広々としていたので、行方をくらまして野生化して、戻らなくなったとよく話していた。

戦後、実家に戻ってから、静子はまた猫を飼い出した。

田中小児科医院の前に小さな公園がある。誰かがそこに猫を捨てていく。みぞれの夜など、わが家にかすかに鳴き声が聞こえてくる。

「あら、かわいそう」

静子がいうが早いか、息子の彰と弟の尚が飛び出す。静子が後を追いかけて、子どもたちに言った。

「家が狭いから、絶対、飼わないから」

口で言うのと裏腹に、結局、そっくり拾ってきてしまう。

箱に入ったまま一度に四、五匹拾ってきたこともある。ある日、私が何げなく数えたら、三十二匹いたことがあった。そうなると、わが家のどこへ行っても猫がいる。

静子は、その一匹一匹に名前をつけて、アルバムまでつくった。

昭和44、5年頃、妻静子、長男彰と

ところが、病気で亡くなったり、交通事故で死んだり、次第に数が減っていった。家の前に停車していたトラックの上で昼寝していて、どこかに運ばれて行方不明になった猫もいた。

つい最近になって、ジローという名の猫が亡くなった。

静子がしんみりして言った。

「とうとう三匹になってしまったわ」

私にすれば、まだ三匹残っている、と言いたいところである。

静子が最もかわいがったのが、アメリカン・ショートへアと日本の猫の混血で、毛が銀色をしていたことから、名前を「ぎん」とつけた。

ある日、ぎんがいなくなってしまった。

以来、五日間あまり、毎日の朝昼晩、静子は家の前に出て名前を呼び続けた。

「銀、ぎん、ギン」

「みっともないから、やめてくれよ」

私は閉口して頼んだ。ところが、静子の声に応えて、銀猫が向かいの茂みから躍り出て来た。あとで分かったのだが、ぎんは私から見てもかわいい猫だったので、わが家の前を通りかかった小学生が自分の家に連れて帰って外に出さなかったのだった。

ぎんが戻ったときの静子の喜びようったらなかった。

静子に合わせて私も猫の相手をせっせとしていたが、医師会活動や公害対策に身を投じるようになってからは、次第にそれどころではなくなって、やかましいことも言うようになった。

静子がうるさがっている私に言う。

「あんなになついていたのに、今では寄り付きもしない」

愛情を手抜きすれば猫といえどもかくのごとし、と彼女は言いたいのだろう。

わが子が無言の抗議

猫だけでなく、犬も拾っていくうちに数がまた増えて、五匹になった。専門店から買った最初の犬だけが血統書つきで、拾った犬は雑種だった。かわいい犬はもらわれて、見てくれのよくないのだけが残った。残った犬も家から逃げ出して自動車にはねられたり、骨折したりして、今ではとうとう一匹だけになってしまった。

しかし、古参の「タロー」は白内障で、脳こうそくで、痴呆まで加わって、よたよたでいつお迎えが来てもおかしくない状態だったのに、ある日、いなくなってしまった。

静子がすぐ気付いて幸交番に電話をかけた。

かくかくしかじかと説明するのを聞いていて、私は首をかしげた。いなくなったのは人間ではなくて犬なのだ。普通、警察にかけるものかな、というのが私の思いだった。

ところが、幸交番のお巡りさんは、「それらしき犬がいる」と答えたという。

静子は飼い犬をわが子と同じに思うから警察署に電話したのだろうが、人間でもないよたよたの犬まで保護してくれたお巡りさんもなかなかのものだ、と私はつくづく感心してうれしくなった。

そのタローも今年（平成十七年）の春永眠した。

猫や犬のことを先に書いてしまったが、私は子を三人授かった。長男を彰、その下の長女を志保、末っ子の二男に尚と名付けた。

子育ての大事な時代だというのに、毎日、私は診察に追われていた。患者さんの数もさることながら、重症者が多く、夜の八時まで診察が続いた。ようやく最後の患者さんを診察して、部屋に入ると、三人の子が一つのふとんに足を突っ込んで放射状になって父親を待ちわびて眠っていた。まだ、暖房も入れられない貧乏なころで、胸が締めつけられるようだった。

以来、休診の日にはできるだけ動物園や遊園地などへ連れていくようにした。

けれども、医師会活動に身を投じてからは、公害問題などで奔走が続いたこともあって、子育てはほとんど妻任せになった。診察を終えて遅い食卓に付くと、それまで静子と話していた子どもたちが、さっと席を離れてしまう。子どもたちの父親に対する無言の抗議だったのだろう。

　子どもたちの気持ちは分かっていたが、私はどうしてやることもできなかった。無類に動物好きな静子は、当然、わが子にも強い愛情を向けてくれたはずである。子どもを構ってやれない私にとってはそういう妻が大きな支えであり、唯一の救いになっていた。

　次第に子が成長するにつれて、私は真剣に彼らの将来を考えねばならなくなった。三人の子を大学へやる費用を作るだけでも大変だった。それぐらい貧乏だった。当然のこととして、猫だ犬だどころではなくなっていった。

昭和50、1年頃、妻静子、長女志保と

親としてのありよう

三人の子のうち長女の志保は男に挟まれて育ったせいか、気性が激しく育った。家内の気性を受け継いだのだと思う。ずっといい成績できたのに、高校二年のある日、「学校へ行きたくない」と言い出した。

「けんかでもしたのか」

私が理由を尋ねても、とうとう何も言わなかった。

それでも聖マリアンナ医科大学に入って、後は順調だった。卒業後、小児科医になって、大学病院勤務の医師と結婚した。私が午前の診療だけやって、午後、医師会活動に専念できるようになったのは、志保が代わりに来て患者さんを診てくれるおかげである。

二男の尚は性格だけ変わっていて、妥協性に乏しかった。福祉の専門学校を出て、川崎市内の施設に就職したが、周囲と合わない。施設の駐車場が狭かったので、「車に乗って来ないこと」という申し合わせになっていた。尚は正直に受け止めて申し合わせを守ったのだが、先輩や同僚はちょっと離れた場所に駐車して平気でマイカーで通勤していた。

尚はそれを怒って、逆に先輩・同僚から問題にされてしまった。

「嫌われるに決まってるじゃないか。そんなこと言うやつあるか」

私がいくら忠告しても聞かない。

「いやだ。行かない」

とうとう辞めてしまった。

平成2年、長女志保の結婚式で

少し苦労させなきゃ駄目だと考えて、本屋の店員、事務所勤務、いろいろ経験させたのだが、まじめすぎてどうしても周囲とかち合ってしまう。結局、いくつか職場を経験させてから、田中小児科医院の事務を担当させることにした。

小児科医になっている上の娘が午後になると出て来るので、「弟の面倒を見てやってくれ」

と頼んで、尚はようやく場所を得た。尚はコンピューターを使えるので、私にとってはむしろ重宝な存在である。

問題は私が後継ぎに期待した長男の彰だ。子どものときにはよく勉強して、東京・国立市にある桐朋高校に良い成績で入ったが、陸上部に入って中距離の選手になって大会に出るようになってから、たばこを吸うようになったりして、まったく勉強しなくなった。

平成17年夏、妻静子、二男尚と広島で

成績から医大の受験は無理だと判断して、私は彰に言った。

「一年浪人して、しっかり勉強しろよ。おまえが後を継がないと困るんだぞ」

よくよく言い聞かせても、帆船にばかり興味を持って、少しも勉強しようとしない。ある日、彰が部屋から出て来て、小用トイレの窓からじいっと空を見上げていた。その後ろ姿を眺めて、私ははっとした。

人間には向き不向きがある、かわいそうなことを強いてきたのかな。

親としてのありようを、私は痛切に問い直させられた。

「継がなくてもいい」

私なりに気付くものがあってから、彰をそれとなく観察した。

当時、「海と空」という航空機と船舶関係の専門雑誌があった。部屋をのぞくと勉強の本らしきものは何もなくて、その雑誌が机の上にうずたかく積まれていた。

「これじゃあ……」

私はがくぜんと悟って、彰に言った。

「自分の好きなところを受けろよ。後を継がなくてもいいぜ」

そうしたら、彰は喜んで急に受験勉強をやり始めて、東海大学の海洋学部に入学し、とにかく、帆船だとばかりに、沼津の寮に入って水を得た魚のようにはつらつとして暮らすようになった。

彰は私の父の忠道にかわいがられて育った。父は彰を片時も放さなかった。小さいときからよくなついて、けんかをするくらい仲がよかった。だから、私が父親の忠道に似たように、彰も父に似て酒飲みに育ってしまった。

どんな暮らしをしているのだろう。

気になったので、ある日、家内と二人で車を運転して沼津まで見に行った。すると、海洋学部の学生が入っている寮の手前に、焼酎の「さつま白波」の空になった一升瓶が山と積まれているのが目に付いた。

「まさか、うちの息子たちのじゃないだろうな」

家内の驚きは私以上だった。

あとで分かったことなのだが、沼津寮に入る学生は漁師の息子が多かった。漁師の親が息子のために定期的に「さつま白波」を箱の単位でまとめて送ってくる。もうそろそろ届くころだという時期になると、一人が見張りに立って、「おい、来たぞ」と叫ぶ。その時点でコンパになって、ドンチャン騒ぎが始まるのだという。

息子のことは言えないのだが、「ひでえ話だ。えらいところに入れちゃったな」。

さすがに私も嘆いた。

そんなことで、大して勉強もしなかったのに、大学から推薦を受けて運輸省に入省して航海訓練所に勤務した。そして、海王丸、北斗丸などの練習船で世界を回るようになった。

彰は私と違って裸眼で二・〇の視力があった。彰が私によくそれを自慢して言った。

「洋上で、肉眼で、民間も、軍用も含めて、はるか遠くの艦船の型式を識別できるのは、ぼくが一番だよ」

好きこそものの上手なれで、本当のことだったらしい。

航海訓練所の練習帆船では船長と厨房《ちゅうぼう》長にかわいがられて、航海中もよく飲んでいたようだ。

現在、彰は陸上で勤務しているが、糖尿病である。それなのに血の気が多すぎて、まともに医者にかかろうとしない。肝心なところは私に似ないで、変なものを継いだわけである。子はなかなか親の思う通りにはいかないものだ。

1度だけの患者体験

医者は病気をして初めて患者さんの気持ちが分かるという。大病といえるほどのものではなかったが、私は一度だけ入院して、思わぬ患者体験をし、世間一般の患者さんの気持ちがよく分かるようになった。

昭和六十年の暮れも押し詰まったある日のことだった。二、三日前から腹痛が続いていたのだが、その日になって急に痛みが広がった。不安になって熱を計ると、かなり高い。大学の同級生で親友の三廼《みつや》医師に知らせると、すぐに往診してくれた。

私の病名は医師仲間がこういう症状を一括していう急性腹症である。当時から私は大酒飲みだったから、三廼医師が真っ先に疑ったのがすい臓炎だった。

「このまま家にいると危ないぞ」

三廼医師がその場で市立川崎病院に紹介状を書いてくれた。

当時、川崎市医師会の副会長だった私をＶＩＰ扱いしてくれたのかどうかしれないが、斉藤副院長先生が診てくださった。触診するなり、「ああ、アッペン（虫垂炎）です」とおっしゃられて、カルテに「至急」の文字が書き込まれた。

私はＸ線撮影と採血を受けるように指示を受けて、家内の肩を借りながら長い木造の廊下を歩いて渡った。カルテには至急と書いてあったのに、なぜか採血のところで随分待たされた。ようやく済んでまた副院長先生のもとへ戻る途中、おなかでポンと弾ける感じがして、急激に膨らみ出した。腸が破れたとはっきり分かった。虫垂穿孔《せんこう》である。破れると痛みが取れる。

大変だとちょっとした騒ぎになって、緊急手術の態勢が取られた。

斉藤外科部長と中津医長が執刀に当たってくださるという。当時の外科手術では、これ以上ない超豪華コンビである。私は手術室に運び込まれて、台の上に横たわった。そこへ、診察室付きの看護師さんの同僚が来て、太平楽に二人で楽しそうに話し出した。同僚の看護師さんが話の最中に、「やーだあ」と言ってものの弾みで私のおなかをぽんとたたいた。思わず息が止まって、ショック死するのではないかと思うほど痛かった。

悪気はなかったのだろうが、手術を待つ患者の前で井戸端会議をする神経が分からなかった。ましてや、これから開腹手術を受ける患者のおなかをたたくなど言語道断である。

しかし、当時の私はまな板のコイの心境で、いわばすでに判決を受けて刑の執行を待つ被告みたいなものである。怒りたくても怒ることができなかった。かつての自由で健康な日々が、あのときほど輝いて感じられたことはなかった。

患者さんは、普段からこんな扱いを受けているとは思えないが、よくないことだなあ。世の中の患者さんに私は心から同情した。

私の患者体験はまだまだ序の口で、次に麻酔が待っていた。ルンバール（腰椎麻酔）である。

医者は痛みに弱い？

腰部麻酔を担当した先生が横臥《おうが》位になった私の腰に針を刺して声を掛けた。

「左下肢（あし）がしびれますか」

その通りにしびれる。「左足がしびれます」と答えると、針を抜いて、違う個所に刺し直した。

「今度は右下肢がしびれますか」

確かに右下肢がぴりぴりしびれる。しびれますと答えると、また針を刺し直した。

「今度はしっぽがしびれますか」

人間だからしっぽはないのだがなあと思いながら、私は「はい」と答えた。尾てい骨のあたりが見事にしびれていた。そして、四度目の針が打たれた。

「今度は、どこがしびれますか」

「どこもしびれません」

麻酔薬が完全に効いて手術が始まった。

局部麻酔だったから、私は意識がはっきりしていた。先生たちの会話から腹を開けて腸を引っ張り出す音までよく聞こえていた。

「念のために、もっと引っ張って出してみよう」

相当の長さまで腸を出されてしまった。しゅるしゅる、しゅるしゅると音が聞こえた。聞いていてあまりいい気がしなかった。

結局、虫垂部が穿孔《せんこう》しただけで、あとは大丈夫だと分かって、ドレーンを入れて閉じて終わった。輸血されなかったのが幸いだった。

ところが、その日の晩からおなかがひどく痛み出した。すごい痛みだった。たまらなくなると、看護師さんを呼び、一〇センチくらいの細長い針で、肩の三角筋にベンタゾシンという痛み止めの注射を打ってもらった。ベンタゾシンは速効性だが、副作用が強い。ベンタゾシンの注射が一日三回ぐらいの割で続いた。

注射を打つと、すぐに効いて痛みが引く。途端に非常にいい気持ちがしてうっとりとした。私の特異体質かもしれないが、同時に幻覚が現れた。

果物かごみたいな宝船に五彩の玉のようなものが載って、目の前にゆらゆら浮いてきた。医者だからだまされないぞ、と自分に言い聞かせながら目をじっと凝らすと、側に来てふっと消えてしまう。話を面白くしているのだろうといわれたことがあるが、本当にあったことである。

ベンタゾシンの効果は一、二時間足らずで切れてしまう。三日目になって、私は看護師さんにせっついた。

「痛むから早く打ってくださいよ」

「ちょっと待ってください。医務局へ行って先生に聞いてきます」

当然のことだが、戻って来て私に言った。

「田中さん、駄目だそうです。もう打てません」

そして、一言付け加えた。

「先生が言ってましたよ。医者と看護師は痛みに弱いって」

ようやく痛みが取れると、今度は「早く歩け、早く歩け」と尻をたたかれた。二度と病気はすまいと思った。

病室で聞く太鼓の音

川崎市医師会の磯野会長が見舞いに来てくださった。

「いつ帰れるんだ」

「もう、そろそろでしょう」

この日とこの日はあそこに行ってくれるね。磯野会長はそんなことばかりいって、見舞いらしい言葉は一言も口にしなかった。私は心の中で「ひでえヤツだな」と思った。考えてみれば、それまでの自分も五十歩百歩だった。

医師や看護師が患者にあまり同情的に接しないのは、病状がそれほど深刻ではないからだろう。サービス満点にやさしく扱われたら、どんな感じになるのだろうか。結局のところ、腹を立てるようなことではなくて、逆に喜ばしいことなのだと思い直した。それも患者になったのが医者だからなれる心境かもしれなかった。ものは考えようということだろう。

暮れのことだったから、外から救世軍の太鼓の音が響いてきた。年末の気分に浸ったが、病室で患者として聞く心境は、いわくなんとも言い難いものだった。

ようやく退院の許可が出て、わが家に戻った。病院から車で帰るとき、窓から見る町の景色が不思議な世界に見えた。これが娑婆《しゃば》というものかとつくづく感じ入った。

家に入ると新顔の猫が二匹いた。

「あなたは盲腸をやりましたから、モウと名付けようと思いましたけど、おかしいからモモにしました。もう一匹の名前は、あなたは腹膜炎を起こしましたから、フクとつけました」

家内が平気な顔で私に言った。

ひでえヤツだと思いながら、私は思わず笑ってしまった。

どちらの猫も長生きして、特にモモは十五、六年というおばあさん猫になって大往生を遂げた。名前のもとにはもうなりたくないが、長生きにはあやかりたいものである。

もう一つ、おまけにエピソードを付け加えるとすれば、家内が私にこう言った。

「心配だから、生命保険にたくさん入って」

保証額を高くしてくれというのだ。

「たくさん入れといわれても、おれは受け取れないんだ」

自分の懐に入るわけではないし、あまり歓迎できる話ではなかったが、残った家族のことを考えて生命保険の会社の人に来てもらった。

このとき、私は初めて自分の血圧を計った。上が二〇〇を超えていて、下が一一〇だった。典型的な「医者の不養生」である。

「そんなばかなことあるかよ。こっちはくたびれてるんだよ」

さんざんのしってから、体を休めて十五分後にまた計ってもらった。結果は同じだった。私は意地になって言った。

「あと、もう一回だけ、計ってくれ」

「いいですよ。気が済むようにやってください」

保険会社の人があきれて応じた。

名患者にはなれない

ならばと私は、運動用の固定された自転車を猛烈に三十分ほどこいで汗をかいてから、三度目の検査に臨んだ。

「何をしてらしたんですか」

保険会社の人が聞くので、自転車をこいできたと私が言うと、あきれて笑い出した。

「そんなことをしたら、上がることはあっても、下がることはありませんよ」

保険会社の人の言う通りだった。

「もう、いいや」

いくらやっても、少しも下がらないから、私は再契約をあきらめた。

保険会社の人が慌てた。

「いや。そう、短気を起こさないでください」

神奈川文化賞受賞パーティーで（中央：妻静子、右：栗山県医師会副会長〔当時〕）

「どうするんですか」

「ほかは別に悪くないんですから、データを重役会に持ち込んで、グレード・アップできるかどうか、検討してみます」

「冗談じゃない。ぼく一人のために重役会を開くなんて、やめてくださいよ」

「そういう決まりになっていますから、しようがないんです」

さんざん押し問答をしたが、保険会社の人がどうしても重役会議にかけるというので、「好きなようにしてくれ」と言って、そのまま帰した。

数日後になって、担当者から「どうにか通りました」と連絡があった。

いくら何でもどうにかという言い方はな

いだろうと思ったが、怖くなって降圧剤を飲み始めた。昭和六十一年ごろではなかったか。以来、ずっと服用してきた。コンディションは良好で、上が一四〇前後、下が九〇ぐらいになった。

ほら話のように聞こえるかもしれないが、本当のことである。患者の側に回ったときの医師は、こんなものかもしれない。名医になるのも難しいが、名患者になるのはもっと難しいと思った。

前後するが、昭和六十年に川崎市立病院に入院しているとき、糖尿病の権威として知られる藤森一平先生が見舞いに来てくださった。私の顔を見るなり言った。

「先生、糖尿があるね。こりゃ、絶対間違いないよ」

入院したとき、血液検査して糖尿病がないと分かっていた。

「そんな覚えありませんよ」

「おかしいなあ、間違いないんだけどなあ」

藤森先生が首をかしげた。

そのときは、それだけで済んだ。

しかし、果たせるかな最近になって、糖尿が出てしまった。

平成十六年のことである。医師会の友人が私に笑い話として言った。

「会長、あなたの生年月日分かってるから、いっぺん、易で占ってもらったらどうです。高名な人を知ってますよ」

「やめてくださいよ。ぼくなんかのために……どうせ、ろくなことにならないから」

「いや、そんなことありませんよ」

「じゃ、しようがない」

話の種にでもなればぐらいの気持ちで友人の誘いに乗った。

医者の不養生の哲学

友人が勧めてくれたのは確か天中殺占いだったと思う。言葉が難しくて何が何だか分からなかったのだが、要するに「体を調べなさい」という意味だった。

昭和三十三年生まれの私の長男息子がまだ若いのに糖尿病を発症していたから、念のために血液検査をした。

そうしたら、大当たり――。易でも、何でも、偶然、そういうことが手掛かりになって、病気が発見されることは良いことだと思う。

そのときになって、藤森先生に言われたことを思い出した。

よく専門医は検査をしなくても患者の顔で分かるという。もっと早く対処していれば、何とかなったに違いない。

高血圧と糖尿病があれば、これはもう立派な患者なのだが、酒が好きだから一向によく

病気をして患者の気持ちがよくわかった

ならない。だが、酒をやらない妻が私より多病であることを思うと、やめる効果に疑問を抱いてしまう。

仕事の帰りに私が求める「リラクゼーション」は、酒抜きでは得られない。身体的な効用を取るか、精神的な効用を大事にするか、二つに一つである。

私の仕事は自分が健康であることではなくて、患者さんの健康を守ることである。仕事のことを考えると、体はまだ使えるのだから、精神的な効用が優先する。あえて申すなら、医者の不養生の哲学とでもいおうか。

酒は神経を一時的にまひさせるだけであって疲れを取ることにならず、かえって量を超せば疲れを増強させるだけだということは誰しも理解している。しかし、アルコールには身体の他のどの部分より中枢神経系に影響するという「たえなる」作用があるからこそ、人類は手放せない。

思わぬおまけがついてしまったが、私にとっては実に貴重な患者体験だった。医師と患者の立場の違いが言葉では表現できないほどはっきり分かった。

ともあれ、私は公害問題から図らずも医師会活動にのめり込んだ。開業医のままでいたら決して得られなかったであろう幅広い人脈を得て、多くを学び見聞も深まった。

県医師会長の選挙は二年に一度だが、毎年のように「今度こそ辞めよう」と思いながら、いざ改選期を迎えると猛然とファイトがわいてしまう。

自宅の玄関前にて、妻静子と

「今度は絶対に辞めてくださいね」

口を酸っぱくして言い続けた妻も、あきらめたのか何も言わなくなった。

精神統一のためにする料理のこと、子どもの診察データから感じ続けたことなど、まだまだ書きたいことは山ほどあるが、三月に大きなヤマ場を控えて書いている時間がなくなってしまった。しかし、これで人生が終わるわけでもなかろうし、また小閑を得たときにでも書きつづってみよう。

今、筆を置くに当たって、立派な方ばかり執筆される

「わが人生」欄に、私のような者が登場して申し訳ない気持ちでいっぱいである。枯れ木も山のにぎわい程度に受け止めていただければ幸いである。

著者略歴
田中忠一（たなか　ちゅういち）
1930年川崎市生まれ。55年、東京慈恵会医科大学卒。61年、同大学で学位受領。川崎市幸区塚越で田中小児科医院を開業する傍ら、公害問題に取り組み、小児ぜんそく、アレルギー疾患の治療に尽力した。2003年、神奈川文化賞受賞。神奈川県医師会会長。

わが人生　医師ひとすじ－信念を持って

2005年11月１日　　初版発行

著者　田中忠一

発行　神奈川新聞社

〒231-8445　横浜市中区太田町２-23

電話　045(227)0850（出版部）

Printed in Japan　　ISBN　4-87645-370-5　C0095